Michaela Fridrich/Michael Schmidt (Hg.)

Wo spielen die Töne?

Michaela Fridrich/Michael Schmidt (Hg.)

Wo spielen die Töne?

Musikorte für alle

edition text + kritik

Mit freundlicher Unterstützung der Friedrich-Ebert-Stiftung

Bibliografische Information der Deutschen Nationalbibliothek
Die Deutsche Nationalbibliothek verzeichnet diese Publikation
in der Deutschen Nationalbibliografie; detaillierte bibliografische
Daten sind im Internet über www.dnb.de abrufbar.

ISBN 978-3-68930-018-0
E-ISBN 978-3-68930-019-7

Umschlagentwurf: Thomas Scheer
Umschlagabbildung: © Sera Kurc

Anfragen gemäß EU-Verordnung über die allgemeine Produktsicherheit (EU) 2023/988
(General Product Safety Regulation – GPSR) richten Sie bitte an:
Richard Boorberg Verlag GmbH & Co KG, Produktsicherheit, Scharrstraße 2,
70563 Stuttgart; E-Mail: produktsicherheit@boorberg.de

© edition text + kritik im Richard Boorberg Verlag GmbH & Co KG, München 2025
Levelingstraße 6a, 81673 München
www.etk-muenchen.de

Satz: Olaf Mangold Text & Typo, 70374 Stuttgart
Druck und Buchbinder: Laupp & Göbel GmbH, Robert-Bosch-Straße 42,
72810 Gomaringen

Inhalt

Franziska Richter

(Neue) Klang-Orte und Spiel-Räume für alle

Grußwort

Wo spielen die Töne? Wie verändern Orte die Wahrnehmung von Musik? Und wie gelangt Musik zu den Orten, wo die Menschen sind, statt darauf zu warten, dass die Menschen zu den »etablierten« Orten der Musik kommen?

Das Kulturpolitische Fachforum der Friedrich-Ebert-Stiftung befasste sich im November 2023 in einer Mischung aus Performance und Gesprächen mit der utopischen Vision einer »Musikkultur für alle« und fragte nach der dafür nötigen Verfasstheit von (neuen) Musikorten, die zugänglich und offen für möglichst viele Menschen sind. Dieses Veranstaltungsformat ist Teil der Kulturpolitischen Jahrestagungen der Friedrich-Ebert-Stiftung, in denen wir seit vielen Jahren regelmäßig zum kulturpolitischen Diskurs und zur Reflexion des sozialdemokratischen Credos »Kultur für alle« einladen. Gemeinsam mit Akteur:innen aus Kultur und Politik, Zivilgesellschaft, Wissenschaft und Verbandsarbeit stellen wir kulturpolitische Vorhaben und Best Practice zur Stärkung kultureller und sozialer Teilhabe vor und fragen, was dieser Anspruch in der Praxis bedeutet: in kulturellen Einrichtungen, in Institutionen, in Dritten Orten, in der Soziokultur – oder auch an Orten der Musik.

Im Fokus von Konzept und Umsetzung des »Musikorte für alle«-Forums stand sowohl die kritische Reflexion bestehender Musikorte als auch die notwendigen Veränderungsprozesse für mehr Durchlässig- und Zugänglichkeit. Dabei waren uns folgende Aspekte wichtig für die Gestaltung der Veranstaltung: *Aufbruch* – Musikaufführungen raus aus der Komfort- und Distinktionsblase. *Neuland* – Anverwandlung von Orten für mehr Nähe von Musiker:innen und Publikum. *Partizipation* – Auflösung von »Wänden« zwischen Musikaufführungen und Besucher:innen, Podium und Publikum. *Offenheit* – Überraschungen und Übergänge statt starr festgelegter Abläufe von Musikereignissen.

Abb. 1: »Wo spielt die Musik?«, Veranstaltung »Musikorte für alle«
der Friedrich-Ebert-Stiftung am 23. November 2023 im Balcony Club Berlin
mit dem Komponisten Manos Tsangaris

Als »Musikort« haben wir dafür den Balcony Club am Berliner Alexanderplatz gewählt, der bisher nicht als Ort kultur-politischer Bildungsarbeit wahrgenommen wurde. Normalerweise legen hier DJ's auf, finden Cosplay-Partys oder K-Pop-Events statt. Mein herzlicher Dank geht hier an Leander Amoore von Eventus Agency für die Vermittlung dieses wunderbaren Ortes. Bei der Veranstaltung sollten natürlich »die Töne« einen ganz besonderen Resonanz-Raum bekommen. Die Komponistin und Klangkünstlerin Kirsten Reese und Manos Tsangaris, Komponist und damals künstlerischer Leiter der Münchner Biennale für Neues Musiktheater, komponierten und entwickelten speziell für diese Veranstaltung Klang-Installationen und interaktive Elemente, in denen das Publikum Musik ganz neu und sehr individuell wahrnehmen konnte – beim Ankommen, Erleben und Lauschen. Ganz herzlichen Dank an Kirsten Reese und Manos Tsangaris für die sehr intensiven und unvergesslichen Klang-Erlebnisse an diesem Abend.

Großer Dank auch an die Autorin und Musikvermittlerin Michaela Fridrich sowie an Michael Schmidt, Musikpublizist und stellvertretender Vorsitzender des Auswahlausschusses der Friedrich-Ebert-Stiftung. Beide kamen bereits Anfang 2023 mit diesem hochinteressanten Konzept der »Musikorte für alle« auf mich zu, und gemeinsam haben wir dieses Fachforum entwickelt und gestaltet. Ich freue mich sehr, dass aus dieser Veranstaltung nun auch ein Buchprojekt entstanden ist, das von beiden mit viel Herzblut gemeinsam mit der *edition text + kritik* umgesetzt wurde.

Mein abschließender Dank gilt natürlich allen Impulsgeber:innen, Autorinnen und Autoren, die bei der Veranstaltung sowie wie auch im vorliegenden Buch ihre interdisziplinären Ansätze und neuen Perspektiven einbringen und so den wichtigen Diskurs um mehr »Musikorte für alle« und deren Ausgestaltung beleben. Ich wünsche diesem Buch viele interessierte Leserinnen und Leser: Auf dass wir gemeinsam den vielfältigen Tönen des Themas nachspüren und den Mut aufbringen, Orte der Musik so zu verändern und anzuverwandeln, dass sie Klang-Orte und Spiel-Räume für alle werden können.

Vorwort

Orte haben Einfluss darauf, welche Musik dort wie und von wem gehört wird. Umgekehrt beeinflusst Musik auch die Wahrnehmung des Ortes, an dem sie erklingt. Als im November 2023 der Balcony Club am Berliner Alexanderplatz Ort für experimentelle Klangaktionen und kulturpolitischen Diskurs wurde, war das bereits ein Statement im Sinne eines anderen, eines unkonventionellen Blicks auf die Verbindung von Musik und Orten. In der besonderen Mischung aus Performance und Gesprächen wurde die Vielfalt der möglichen Perspektiven deutlich, die im Rahmen einer utopischen Vision von »Musikorten für alle« miteinander in Beziehung treten und einander inspirieren, nicht selten auch durch Widerspruch und durch Konfrontation unterschiedlicher Haltungen.

Am Anfang der Veranstaltung standen Fragen wie: Wie müssen Orte beschaffen sein, damit sie zu Musikorten für alle werden? Wie nimmt man Opernhäusern und Konzertsälen ihre für manche Menschen einschüchternde Anmutung? Wie werden bestehende Orte besser genutzt, und wie lassen sich neue Orte erschließen? Wie kann Architektur dazu beitragen, starre Aufführungsrituale aufzubrechen, um mehr Nähe zwischen Musiker:innen und Publikum zu ermöglichen? Solchen und ähnlichen Fragen stellten sich im Balcony Club ein Kulturpolitiker (Hamburgs Kultursenator Carsten Brosda), eine Klangkünstlerin (Kirsten Reese), ein Musikpublizist (Michael Schmidt), eine Kulturwissenschaftlerin (Leiterin der Kommunikation am Konzerthaus Berlin Sara Arnsteiner-Simonischek), ein Komponist (Manos Tsangaris), eine Musikvermittlerin (Michaela Fridrich) sowie zahlreiche Besucher:innen der Veranstaltung. Die Bandbreite des Diskurses zu neuen Ansätzen in dieser Richtung führte zu der Idee, dem Thema »Musikorte für alle« im vorliegenden Band mehr Raum zu geben und dafür noch weitere Akteur:innen und Denker:innen aus der Musik- und Kulturszene um ihren Beitrag zu bitten. Wichtig war uns dabei, die Interdisziplinarität und Diversität im Umgang mit diesem Thema beizubehalten, ja nach Möglichkeit noch auszuweiten. Das Resultat spiegelt sich in der Vielfalt nicht nur der präsentierten Ideen, sondern auch

in der formalen Unterschiedlichkeit der Beiträge. Den mitwirkenden Autor:innen stand es frei, ihre Texte etwa in Bezug auf ge-
schlechterbewusste Sprache, auf Zitierweisen und Quellenangaben
sowie auf die formale Gestaltung nach eigenem Ermessen zu ver-
fassen.

Inhaltlich bildet der Beitrag der Kulturjournalistin Katinka Strassberger einen Einstieg in das Thema, indem er die Entstehung von
Kultur- und Musikbauten sowie ihre gesellschaftliche und politische Funktion aus historischer Perspektive beleuchtet und daraus
Schlüsse für die Gegenwart zieht. Die darauffolgenden Texte beziehen sich auf konkrete Beispiele von Orten, die mit Musik möglichst
viele Menschen erreichen wollen. So beschreibt die Musikwissenschaftlerin Dorothea Kolland einige ihrer Projekte als Kulturamtsleiterin in Berlin-Neukölln von 1981 bis 2012, die Musikorte für eine
heterogene Gesellschaft schaffen sollten. Der Hamburger Kultursenator Carsten Brosda betont die Bedeutung von Musikorten für die
Stadtentwicklung und zeigt am Beispiel der Elbphilharmonie, wie
möglichst große Teile der Stadtgesellschaft erreicht werden können.
Dass gerade unter dem Aspekt der Zugänglichkeit nicht nur klassische Aufführungsstätten wichtige Musikorte sind, machen Hannelore Vogt und Christine Kern von der Stadtbibliothek Köln deutlich, wo die kontinuierliche Entwicklung des Angebots neue
Möglichkeiten des Hörens und des Machens von Musik eröffnet.
Der Architekt Markus Stenger, verantwortlich für den Bau des
neuen Kulturzentrums Bergson in Aubing bei München, schreibt
Aufführungsorten und ihrer Aura eine besondere Rolle für die Erinnerung an die dort gehörte Musik zu. Und Sara Arnsteiner-Simonischek, Leiterin Kommunikation und digitale Vermittlung am
Konzerthaus Berlin, betont die besondere Bedeutung digitaler
Räume, wenn es darum geht, ein möglichst großes und diverses
Publikum mit dem Angebot eines Konzerthauses anzusprechen.
   Den Anspruch, »Musikorte für alle« schaffen zu wollen, hinter-
fragt in seinem Beitrag der Soziologe Jens S. Dangschat und weist
dabei auf die Distinktionseigenschaft musikalischer Genres hin, die
sich in den Aufführungsorten spiegelt. Wie sich solche Distinktions-
muster überwinden lassen und welchen Einfluss Orte überhaupt

auf die Wahrnehmung von Musik haben, untersucht die Musikvermittlerin Michaela Fridrich. Nachdem es im ersten Teil des Bands schwerpunktmäßig um Orte und ihre Eignung für Begegnungen möglichst vieler Menschen mit der Musik geht, wechselt die Perspektive in den darauffolgenden Beiträgen. So ist für den Bratscher und Leiter des Musethica-Projekts Avri Levitan der Ort der Aufführung kaum entscheidend dafür, ob die Musik die Menschen erreicht. Für ihn kommt es eher auf die Haltung der Musiker:innen an. Diese ist auch für den Leiter des »Selam Opera!«-Formats an der Komischen Oper Berlin Mustafa Akça wichtig, der schon der Musik selbst die Fähigkeit zuschreibt, Orte der Gemeinschaft zu schaffen. Wie man mit Musik auf einen konkreten Ort Bezug nehmen und so die dort Anwesenden ansprechen kann, beschreibt der Musiker Gunter Pretzel am Beispiel eines Education-Projekts der Münchner Philharmoniker. Musik, die bereits bei ihrer Entstehung den Ort und die mit ihm verbundenen Menschen mitdenkt, steht im Zentrum der Arbeit der Klangkünstlerin Kirsten Reese, die einige ihrer Projekte als Beispiele anführt.

Den Abschluss des Bandes bilden zwei Beiträge, die grundsätzlich dem Phänomen des Musikortes nachspüren. Der Musikpublizist Michael Schmidt denkt aus philosophischer Perspektive über die Frage nach, was Orte überhaupt zu Musikorten werden lässt. Und der Komponist und Lyriker Manos Tsangaris gibt seinen Gedanken zum Thema schließlich in einer dichterischen Ausführung freien Lauf und Ausdruck.

Wir danken Franziska Richter und der Friedrich-Ebert-Stiftung für ihre Offenheit und ihr großes Engagement bei der Entwicklung und Umsetzung des Themas »Musikorte für alle« im Rahmen des Berliner Projekts sowie in der Folge auch für die Förderung dieser Buchpublikation. Großer Dank geht zudem an unseren Lektor Johannes Fenner von der *edition text + kritik* für seine konstruktive und ermutigende Zusammenarbeit.

Michaela Fridrich und Michael Schmidt
München im Frühjahr 2025

Katinka Strassberger

Bauwerke für die Musik – für alle?

Noch bis ins frühe 19. Jahrhundert waren die Bedingungen für kon-
zertierende Musiker oft alles andere als angenehm. Ihre Auftritte
fanden vorwiegend in privaten Räumlichkeiten des Adels und des
gehobenen Bürgertums statt. Dort hatten sie im Rahmen von Festi-
vitäten vor allem für eine unterhaltsame Klang-Kulisse zu sorgen.
Auf eine andächtig lauschende Zuhörerschaft, wie wir sie heute als
selbstverständlich voraussetzen, konnten die Künstler nicht hoffen:

>»Herrlicher Saal, 500 bis 600 Personen da. Alles im höchsten Glanze. Fast die
>gesamte italienische Opern-Gesellschaft … aber kein Mensch hört zu. Das
>Gewirr und Geplauder der Menschenmenge war entsetzlich. Wie ich meine
>Polacca in Es spielte, suchte man einige Ruhe zu stiften, und ungefähr 100
>Personen sammelten sich theilnehmendst um mich; was sie aber gehört ha-
>ben, weiß Gott, denn ich hörte selbst nicht viel davon. Ich dachte dabei fleißig
>an meine 30 Guineen und war so ganz geduldig. Gegen 2 Uhr ging man end-
>lich zum Souper, wo ich mich aber empfahl und in mein Bett eilte.«[1]

Privatkonzerte wie dieses im Hause von Lord Hartford im März
1826, das Carl Maria von Weber in einem Reisebericht aus London
seiner Frau schilderte, waren typisch für die Zeit. Weniger betuchte
Bevölkerungsschichten hatten keinen Zugang zu solchen Events
und auch sonst kaum Gelegenheit, instrumentale Kunstmusik zu
hören. In den Hofopern, die ab dem späten 18. Jahrhundert in immer mehr Residenzstädten Europas entstanden, waren bürgerliche
Gäste nur dann willkommen, wenn der kostspielige Unterhalt dieser Bühnen zusätzliche Einnahmen erforderlich machte.

Schon damals begannen Könige und Fürsten, auf die Strahlkraft repräsentativer Kulturbauwerke zu setzen, um Macht und
Reichtum wirkungsvoll zu inszenieren. In Berlin beauftragte Friedrich der Große den Architekten Georg Wenzeslaus von Knobels-

---

1   »Reise-Briefe von Carl Maria von Weber an seine Gattin Carolina, Privatpublika-
    tion Leipzig 1886«, in: *Kunst, Politik und Gesellschaft in Europa seit dem 19. Jahr-
    hundert*, hg. von Thomas Höpel und Hannes Siegrist, Stuttgart 2017, S. 59 f.

dorff 1740 mit der Planung einer neuen Königlichen Hofoper, die zu einer wesentlichen Keimzelle für die städtebauliche Gestaltung der späteren Prachtstraße Unter den Linden werden sollte. Bereits nach zweijähriger Bauzeit konnte das damals größte freistehende Musiktheatergebäude Europas feierlich eröffnet werden. Es verfügte nicht nur über drei Säle, die bei Bedarf miteinander verbunden werden konnten, sondern auch über weitläufige, prunkvoll ausgestattete Foyers, wo man sich traf, um zu flanieren und Neuigkeiten auszutauschen. »Ich war oft ganz erstaunt darüber, welche Wichtigkeit man einer Theateraufführung, einem Konzerte beilegte«, notierte die Schriftstellerin Fanny Lewald in ihren Lebenserinnerungen. Und weiter:

> »Ich sah mit Verwunderung, dass Personen, die nicht selber ausübende Künstler waren, ihren ganzen Sinn auf das Theater oder das Konzert (...) gerichtet hatten. (...) Das Theater ist die heiligste Angelegenheit des Berliner Publikums, der einzige Gegenstand, worüber das ganze Volk Berlins ohne Repräsentativverfassung und freie Presse frei denkt, spricht und schreibt (...). Es ist das gewaltige Triebrad der großen Konversationswalkmühle Berlins, der einzige Mittelpunkt des Berliner öffentlichen Lebens. Der Generalintendant der Schauspiele ist nach dem Könige der erste Mann in Berlin, und um Schauspieler und Sängerinnen kümmert man sich mehr als um Minister und Küster.«[2]

Die aufstrebenden urbanen Eliten, durch die rasante technologische und wirtschaftliche Entwicklung wohlhabender und auch selbstbewusster geworden, wollten sich allerdings nicht mehr mit königlichen Veranstaltungsangeboten zufriedengeben, sondern vielmehr eigene Akzente setzen. Die Motive, die bei diesen Emanzipationsbestrebungen eine Rolle spielten, waren durchaus ambivalent. Während die einen eher ein neureiches Repräsentationsbedürfnis leitete, ging es den anderen um die Verbreitung eines Bildungsanspruchs, der von ernsthafter Wertschätzung der Musik als Kunstform geprägt war. Ihr Ziel war es, sich von dem als dekadent empfundenen Umgang des Adels mit Musik zu distanzieren.

---

2   Fanny Lewald, »Meine Lebensgeschichte«, in: *Berliner Leben 1806–1847. Erinnerungen und Berichte*, hg. von Ruth Köhler und Wolfgang Richter, o. O. 1954, S. 182.

»Bis in die 1850er-Jahre erinnerte das Hörverhalten oft nicht an den distan-
zierten Konsum von Bildung, sondern an die Anteilnahme und die Begeisterung auf einem Fußballplatz ... Die neuen ästhetischen Ideale des Bildungsbürgertums ... veränderten innerhalb weniger Jahrzehnte nachhaltig das
Publikumsverhalten und den Stellenwert so genannter ernster Musik«,

schreibt der Tübinger Historiker Sven Oliver Müller.[3] In zahlreichen Studien untersuchte er die Wechselbeziehungen von Musik,
Veranstaltungsorten und Publikum:

»Aus einer historischen Perspektive heraus betrachtet gewinnt Musik ihre
Bedeutung weniger durch die Reproduktion einer Partitur, als durch die Rezeption ihrer Aufführung und die dadurch konstituierten sozialen Räume und
kulturellen Praktiken. Das bedeutet keinesfalls, dass die Musik selber ohne
Bedeutung ist. Vielmehr stellt die Rezeption durch das Publikum ein Binde-
glied zwischen musikalischen Produktionen und der Gesellschaft dar.«[4]

Insofern war es kein Zufall, dass die ersten Säle, in denen ausschließlich instrumentale Kunstmusik gepflegt wurde, in Handelsstädten
gebaut wurden. Schon 1791 entstand in Leipzig ein Konzertsaal,
den die Stadt im historischen Zeughaus zwischen Universitäts-
straße und Kupfergasse einrichten ließ. Das Gebäude wurde auch
von der Textilwirtschaft genutzt – daher der Name: Gewandhaus.
Leipziger Bürger, die mit eigenem Orchester zuvor bereits Konzerte
in einem Wirtshaussaal veranstaltet hatten, mieteten den Saal und
brachten dort Werke bedeutender zeitgenössischer Komponisten
wie Mozart, Beethoven und Schumann, später auch Brahms und
Wagner auf die Bühne. Der Publikumsandrang war so groß, dass
der Saal schon bald erweitert werden musste.

In England hatte das öffentliche Konzertwesen schon früher an
Bedeutung gewonnen: Der 1742 in Oxford erbaute »Holywell Music

---

3   Sven Oliver Müller, »Angleichung und Abgrenzung Perspektiven des Musik-
    lebens in Europa im 19. Jahrhundert«, in: *Themenportal Europäische Geschichte*,
    2015, unter: https://www.europa.clio-online.de/essay/id/fdae-1655 [zuletzt:
    24.01.2025].
4   Sven Oliver Müller, »Körper und Kommunikation. Das Publikum in der Berliner
    Hofoper 1820–1870«, in: *Das schöne Selbst. Zur Genealogie des modernen Subjekts
    zwischen Ethik und Ästhetik*, hg. von Jens Elberfeld und Marcus Otto, Bielefeld
    2009, S. 49-50 (siehe dazu auch: ders., *Das Publikum macht die Musik. Musikleben
    in Berlin, London und Wien im 19. Jahrhundert*, Göttingen 2014).

Room« gilt als ältester erhaltener und bis heute bespielter Konzertsaal der Welt. In London entstanden 1773 auf Initiative von Sir John Gallini die »Hanover Square Rooms«, wo Joseph Haydn seine Londoner Sinfonien aufführte. Diese Konzertsäle gehörten jahrzehntelang zu den beliebtesten der Stadt.

In Deutschland sah sich der Adel allmählich genötigt, auf die veränderten gesellschaftlichen Bedürfnisse zu reagieren. Um der drohenden Erosion seiner Bedeutung entgegenzuwirken, investierte er vermehrt in größere Kulturbauten auch jenseits seiner Residenzen. Am Berliner Gendarmenmarkt ließ der preußische König Friedrich Wilhelm III. nach Plänen von Karl Friedrich Schinkel 1819–1821 ein prächtiges klassizistisches Schauspielhaus errichten, das zudem ein Restaurant und einen Konzertsaal für 1200 Besucher beherbergte. Dieser konnte auch für private Veranstaltungen angemietet werden. Davon angeregt gab der bayerische König Ludwig I. 1826–1828 bei seinem bevorzugten Architekten Leo von Klenze ein neues Konzerthaus für München in Auftrag: das Odeon. Auch hier plante man ein Gebäude mit multifunktionalem Konzept, das den Bürgern mehr Möglichkeiten einräumen sollte, dort eigene Veranstaltungen durchführen zu können. Anders als in London oder Berlin sollte es aber kein dominanter Solitär werden, sondern ein Bauwerk mit klassizistischem Erscheinungsbild, das sich möglichst harmonisch in das städtebauliche Ensemble nahe der Residenz am südlichen Ende der Ludwigstraße einfügt. Das Herzstück bildete ein festlicher Saal, der sich über zwei Stockwerke erstreckte und innenarchitektonisch die Gestaltungselemente eines Sakralbaus adaptierte – mit Apsis, umlaufenden Säulengängen und kunstvollen Fresken. Eine feste Bestuhlung gab es anfangs nicht und auch keine Königsloge. Das Odeon bot Platz für rund 1400 Besucher, soll eine hervorragende Akustik gehabt haben und war bis zu seiner Zerstörung 1944 der wichtigste Ort für das Münchner Musikleben. Die »Musikalische Akademie«, gegründet 1811 von elf Mitgliedern des Hoforchesters, veranstaltete dort zahlreiche Konzerte. Hinzu kamen Gastspiele berühmter Orchester und Solisten, es traten aber auch Musik-Vereine, Chöre und kleinere Ensembles auf. Darüber hinaus konnte der Saal für Bälle und Faschingsfeste angemietet werden. Das Haus sollte auch der Volksbildung dienen und bot Raum für wissenschaftliche Tagungen, politische Veranstaltungen und Ausstellungen. Seit 1846 residierte im 2. OG das »Königliche Konservatorium für Musik«, das 1874 vom Staat als »Königliche Staatsanstalt« übernommen wurde – die heutige Hochschule für Musik und Theater München (seit 1957 in der Arcisstraße). Neben solchen nach wie vor vom Adel dominierten Kultureinrichtungen entstanden immer mehr Veranstaltungsorte in privater Trägerschaft.

»Gezielt strebten Teile des Bildungsbürgertums danach, öffentliche Bereiche für sich zu besetzen, die vordem ein Privileg des Adels waren«, konstatiert der Historiker Sven Oliver Müller 2015 in seiner Studie zu den *Perspektiven des Musiklebens in Europa im 19. Jahrhundert.* Und weiter: »Das hartnäckige Distinktionsbedürfnis der Bürger zielte nicht nur darauf, adelige Wertvorstellungen zu kopieren, sondern eigene bürgerliche Symbole und Kategorien an deren Stelle zu setzen.«[5] Dies hatte auch entscheidende Auswirkungen auf die Art der Musik-Rezeption. In den neuen Konzertsälen war es verpönt, während der Vorstellungen zu tanzen, zu essen, zu trinken und zu lärmen. Das schweigende und konzentrierte Hörverhalten interpretiert Müller als eine »antiaristokratische Spitze« gegen das geschwätzige und genusssüchtige Benehmen vieler adeliger Konzertbesucher. Musikalische Veranstaltungen entwickelten sich von elitären Unterhaltungs-Events zu einem bedeutenden Faktor des öffentlichen Kulturlebens. Diese Veränderungen ermöglichten es zahlreichen Musikern unabhängiger zu werden, da sie nun nicht mehr auf Festanstellungen an Höfen angewiesen waren. Diskurse über Musik wurden zu einem wichtigen gesellschaftlichen Thema, das seinen Niederschlag auch in einer wachsenden Zahl von Zeitungen und Zeitschriften fand. Dadurch nahm das allgemeine Interesse an Konzertveranstaltungen deutlich zu, und immer mehr Musikvereine, Konservatorien, Musikverlage und Künstleragenturen wurden gegründet.

Auf Initiative der 1812 entstandenen »Gesellschaft der Musikfreunde« konnte in Wien 1869/70 der erste Bau eines eigenen Hauses für klassische Konzerte realisiert werden. Bei der Fassaden-

---

5   Müller, »Angleichung und Abgrenzung Perspektiven des Musiklebens in Europa im 19. Jahrhundert« (Anm. 3).

gestaltung ließ sich der Architekt Theophil von Hansen von Vorbildern aus der griechischen Antike inspirieren. Besondere Begeisterung erzeugte die Innenausstattung: Der große »goldene« Saal verfügt durch ein klug proportioniertes Gefüge von Logen, Balkonen und Skulpturen über eine hervorragende Akustik und gilt nach wie vor als einer der besten Konzertsäle der Welt. Das Beispiel des Musikvereinssaals löste einen regelrechten Bauboom aus, den die beiden Wiener Ferdinand Fellner und Hermann Helmer mit ihrem 1873 gegründeten Architekturbüro lukrativ zu nutzen wussten. Sie planten in Serie Theater- und Konzerthäuser nach dem Geschmack gründerzeitlicher Großbürger und genossen auch deshalb bald hohes Ansehen, weil sie sich zu Experten für Akustik und Feuerschutz fortgebildet hatten. Gestalterisch übersetzten sie Stilelemente aus Renaissance, Barock und Rokoko in eine Formensprache, die dem Zeitgeist entsprach. Die meisten der von ihnen errichteten Bauten sind bis heute erhalten, darunter das Konzerthaus in Zürich, die Komische Oper in Berlin und die Staatsoper in Prag.

Eine Besonderheit stellt das Festspielhaus in Bayreuth dar: Nach Plänen, die Richard Wagner mit dem Leipziger Architekten Otto Brückwald entwickelt hatte, entstand es 1872–1876 auf einem Grundstück, das die Stadt dem Komponisten kostenlos zur Verfügung gestellt hatte. Das Haus auf dem grünen Hügel sollte ausschließlich der Aufführung Wagners Werke dienen und im Sommer ein breites Publikum anlocken. Den Kredit, den Ludwig II. ihm für diesen Bau gewährte, konnte Wagner später vollständig zurückzahlen. Dass Opern-Inszenierungen nicht nur auf den Adel, sondern auch auf dessen Untertanen eine geradezu magische Wirkung ausübten, trug wesentlich zum Erfolg seines Projektes bei. Tatsächlich war der Besucherzustrom, den die Festspiele auslösten, gewaltig, wie der Schriftsteller Mark Twain im August 1891 in einem Bericht für die *New York Times* mit Erstaunen feststellte:

> »Es war in Nürnberg, als wir auf den Ansturm musikverrückter Fremder stießen, der auf Bayreuth zurollte. Wir hatten schon lange keine solchen Mengen erregter und vorwärtsdrängender Leute gesehen. Es dauerte eine gute halbe Stunde, bis sie alle im Zug untergebracht waren – und es war der längste Zug, den wir bisher in Europa gesehen hatten. Eine Pilgerfahrt.«

Die Atmosphäre unterscheide sich deutlich von den Opernvorstellungen, die Twain 1878 in Mannheim und München erlebt hatte:

>»Die Gläubigen kommen aus allen Ecken und Enden der Welt herbei, um ihrem Propheten in seiner eigenen Kaaba, in seinem eigenen Mekka, zu huldigen ... Gestern wurde Tristan und Isolde gespielt. Ich habe alle Arten von Zuschauern gesehen – in Theatern, Opern, Konzerten, bei Vorlesungen, Predigten und Trauerfeiern – aber keine war der der Wagnerzuschauer in Bayreuth gleich in Bezug auf konzentrierte, ehrfurchtsvolle Aufmerksamkeit.«

Als vorbildlich lobte Twain die technische Ausstattung des »Wagner-Tempels«:

>»Der Zuschauerraum hat die Form eines abgerundeten Trapezes, mit der Bühne auf der schmalen Seite ... Auf jeder Seite gibt es sieben Eingänge und vier am Ende des Zuschauerraums, achtzehn Türen, durch die 1650 Personen eingelassen werden ... Daher sind Gedränge und Verwirrung unmöglich. Kaum einhundert Personen benutzen eine Tür. Das ist besser als die üblichen (und nutzlosen) umständlichen Feuersicherheitsvorkehrungen. Es ist das Mustertheater der Welt.«[6]

Schon seit 1886 gab es im Bayreuther Festspielhaus elektrische Beleuchtung, die über moderne Dampfmaschinen erzeugt wurde. Für eine *Tristan*-Aufführung sollen mehr als zehn Zentner Kohlen verfeuert worden sein.

Allgemein entwickelte Musik sich im Laufe des 19. Jahrhunderts zu einem bedeutenden Wirtschaftsfaktor, der Chancen für viele neue Geschäftsmodelle eröffnete, insbesondere für das Bauwesen. Prächtige Kulturbauwerke galten schon damals als wichtiger Standortvorteil im Wettstreit der Städte um finanzstarke Firmen und Touristen. Großes Aufsehen erregte 1871 der Neubau einer Konzerthalle in London, die alle zuvor erreichten Dimensionen in den Schatten stellte: die Royal Albert Hall. Das riesige ovale Bauwerk am südlichen Rand des Hyde Parks, dem Vorbild eines römischen Amphitheaters nachempfunden, beeindruckte nicht nur durch seine enorme Größe, die 8.000 Zuschauern Platz und durch übereinander gestaffelte Balkone gute Sicht auf die Bühne bot, sondern

---

6   Mark Twain, »Am Schrein von St. Wagner«, erstveröffentlicht in der *New York Times* und *Chicago Daily Tribune* am 6. Dezember 1891, unter: http://www.f-nietzsche.de/twain_1891.htm [zuletzt: 24.01.2025].

auch durch seine kunstvoll verzierte Backsteinfassade, gekrönt durch eine imposante Kuppel aus Eisen und Glas. Verantwortlich für die Realisierung dieses Großprojektes waren zahlreiche Ingenieure, Architekten und bildende Künstler aus dem Umfeld des Königshauses unter der Leitung von Francis Fowke, Henry Scott und Rowland Mason Ordish. Die Anregungen dafür stammten maßgeblich von Prinz Albert, dem 1861 verstorbenen Gatten von Königin Victoria. Die Halle war Teil seines Plans, in Kensington einen großen Campus für Wissenschaft und Kultur zu etablieren. Die Königin äußerte sich begeistert anlässlich der Eröffnung des Gebäudes am 29. März 1871 und prognostizierte ihm großen Erfolg. Sie sollte Recht behalten. Trotz ihrer nicht unproblematischen Akustik gilt die Royal Albert Hall bis heute als eines der schönsten und erfolgreichsten Kulturbauwerke der Welt.

Ein Vielfaches an architektonischer Monumentalität strebten Jahrzehnte später die Nationalsozialisten an, insbesondere für die sogenannten »Führerstädte« Berlin, Hamburg, Nürnberg und München. Vor allem Linz sollte zu einer kulturellen Vorzeigestadt ausgebaut werden. Geplant war eine Prachtstraße, flankiert von Prunkbauten für Oper, Musik und Theater sowie ein »Führermuseum« mit der weltweit größten Kunst- und Gemäldegalerie. Das meiste blieb jedoch Utopie oder unvollendet, wie zum Beispiel die gigantische Kongresshalle auf dem Reichsparteitagsgelände in Nürnberg. Nach den Verheerungen des Zweiten Weltkriegs stellte sich die Frage, wie man mit dem Bestand der teils durch Bombenschäden versehrten Kulturbauwerke umgehen sollte – abreißen oder wiederaufbauen? Darüber wurde vielerorts kontrovers diskutiert, zumal elementare Bauaufgaben wie Trümmerbeseitigung und Schaffung von Wohnraum Vorrang hatten. Dass insbesondere die Musik sich in dieser schwierigen Zeit als Gemeinschaft stiftender Hoffnungsanker erwies, war allerdings nicht zu ignorieren. Improvisierte Konzerte, die in Ruinen veranstaltet wurden, hatten großen Zulauf. So auch in München, wo von Odeon und Opernhaus nur noch Schuttberge übriggeblieben waren. Statt das kriegsbeschädigte Odeon zu rekonstruieren, entschied die bayerische Staatsregierung, hier das Innenministerium anzusiedeln. Der 1951–1953 in die Residenz eingebaute Herkulessaal galt vielen nicht als adäquater Ersatz. Dessen pompöse neoklassizistische Gestaltung wurde als nicht mehr zeitgemäße NS-Ästhetik kritisiert. Dass der Wiederaufbau des Opernhauses durchgesetzt werden konnte, war vor allem der Initiative des 1951 gegründeten Vereins der »Freunde des Nationaltheaters e. V.« zu verdanken. Schon 1825 waren es Münchner Bürgerinnen und Bürger gewesen, die den Fortbestand dieser von ihnen besonders geliebten Institution sicherten: Nach einem verheerenden Brand kamen nicht die stark verschuldeten Wittelsbacher für die Kosten des Wiederaufbaus auf, sondern der Magistrat der Stadt. Die enorme Summe von rund 850.000 Gulden wurde zudem durch einen »Bierpfennig« erwirtschaftet, der als Aufschlag für jede Maß Bier zu zahlen war. 1919 ging die einstige Hofoper schließlich in staatlichen Besitz über.

In den frühen 1950er Jahren warb der »Verein der Freunde des Nationaltheaters« unermüdlich um Spenden und Zustimmung in Gesellschaft und Politik, um eine Rekonstruktion des Opernhauses zu erreichen, das Leo von Klenze einst geschaffen hatte. Was dann letztendlich auch gelungen ist: Am 21. November 1963 fand die festliche Wiedereröffnung statt. Das äußere Erscheinungsbild hatten die Architekten Gerhard Moritz Graubner und Karl Fischer nach den Plänen von Leo von Klenze originalgetreu wiederhergestellt, das Innere des Gebäudes jedoch modernisiert, vor allem in Bezug auf Technik und Brandschutz. 62 Millionen Deutsche Mark hat diese Restaurierung am Ende gekostet. Davon zahlte die bayerische Staatsregierung 50 Millionen, 4,5 Millionen die Stadt München, 5 Millionen kamen schließlich an Spenden aus der Bevölkerung hinzu.

Rekonstruktionen dieser Art waren damals allerdings umstritten, denn Prachtbauten der Gründerzeit galten als nicht mehr zeitgemäß. Auch für den Umgang mit architektonischen Hinterlassenschaften der NS-Diktatur wie zum Beispiel das Münchner Haus der Kunst und die Nürnberger Reichsparteitags-Bauten mussten Lösungen gefunden werden. Über allen Bau- oder Wiederaufbau-Projekten schwebte die Frage, welche Aufgaben die »Demokratie als Bauherr« zu erfüllen hätte. Die berühmte Rede, die der SPD-Politiker Adolf Arndt 1960 in Berlin zu diesem Thema gehalten hat, macht deutlich, dass Kulturbauten auch als wichtige Orte politischer Bildung betrachtet wurden: »Sollte es nicht einen Zusammenhang geben zwischen dem Öffentlichkeitsprinzip der Demokratie und einer äußeren wie inneren Durchsichtigkeit und Zugänglichkeit ihrer öffentlichen Bauwerke?«[7] Es ging also um nichts Geringeres, als eine architektonische Formensprache für den demokratischen Neubeginn zu finden und kulturelle Teilhabe für alle zu ermöglichen. Diesem Anspruch folgend entschied man sich vielerorts für den Neubau leicht und transparent wirkender Konzert- und Opernhäuser im zurückgenommenen Stil der Nachkriegsmoderne. Von den Nutzungskonzepten her reichte die Spanne von multifunktionalen Kulturzentren wie der neuen Stuttgarter Liederhalle, die 1956 nach Plänen von Adolf Abel und Rolf Gutbrod entstand, bis hin zur monofunktionalen Berliner Philharmonie von 1963, die der Architekt Hans Scharoun in enger Abstimmung mit dem Dirigenten Herbert von Karajan geplant hatte. Der Architekturhistoriker Wolfgang Pehnt schreibt:

> »Als Bautypus war die Philharmonie eine völlig neue Lösung, die inzwischen Nachfolger bis hin zu Frank O. Gehry und Herzog & De Meuron gefunden hat ... Um die Arena des Orchesters staffeln sich die Publikumsemporen, die sich der gewohnten Einteilung in Ränge und Parkett entziehen.«[8]

Reine Konzerthäuser blieben allerdings die Ausnahme, auch in der DDR. Dort entstand bis zum Mauerfall nur ein einziges: das dritte Gewandhaus, das 1981 nach Plänen von Rudolf Skoda am Leipziger Augustusplatz errichtet wurde. Auch dieser Neubau war vor allem dem beharrlichen Engagement eines Dirigenten zu verdanken: Kurt Masur. Während neue Opernhäuser, die zum Beispiel in Köln oder Frankfurt entstanden, einen monofunktionalen Status behielten, mussten Konzerthäuser auch anderen Zwecken dienen. Die Bonner

---

7   Karin Wilhelm, »Demokratie als Bauherr. Überlegungen zum Charakter der Berliner politischen Repräsentationsbauten«, in: *Aus Politik und Zeitgeschichte*, hg. von der Bundeszentrale für politische Bildung, B 34 ± 35/200, 26.5.2002, S. 9, unter: https://www.bpb.de/shop/zeitschriften/apuz/26072/demokratie-als-bauherr/ [zuletzt: 24.01.2025].

8   Wolfgang Pehnt, *Die Gemeinschaft der Ergriffenen. Theater- und Festbauten der 50er/60er Jahre*, Vortrag an der Universität Kassel, 24. November 2010, unter: http://www.architektursalon-kassel.de/Pehnttext.pdf [zuletzt: 24.01.2025] (siehe auch: ders., *Deutsche Architektur seit 1900*, Wüstenrot Stiftung Ludwigsburg und DVA München 2005).

Beethovenhalle kann dafür als typisches Beispiel gelten. Das Gebäude beherbergt einen großen Saal mit knapp 2.000 Plätzen und mehrere kleinere Säle, flankiert von künstlerisch gestalteten Foyers und Wandelgängen, sowie ein Restaurant mit Blick zum Rhein. Der Entwurf für diesen außergewöhnlichen Bau mit der charakteristischen halbrunden Kuppel stammt von dem Scharoun-Schüler Siegfried Wolske und wurde 1959 eröffnet. Das Beethoven-Orchester fand hier seine Heimstatt, doch auch für andere Veranstaltungen wie Kongresse, Bälle, Gastspiele auswärtiger Ensembles und Wahlen des Bundespräsidenten wurde die Halle genutzt. Seit 1990 steht sie unter Denkmalschutz.

Zahlreiche Opern- und Konzerthäuser leiden inzwischen unter einem enormen Sanierungsstau, der nicht zuletzt durch unzureichende Etats für den Unterhalt dieser Häuser verursacht wurde. Dadurch verschlingen Instandsetzungen nicht selten Summen von mehreren hundert Millionen Euro. Das bringt vor allem die besonders teuren Opernhäuser in Rechtfertigungsdruck.

»Vierhundert Jahre Musiktheater sind nicht nur die Geschichte triumphaler Uraufführungen und bejubelter Primadonnen, sondern ebenso eine Chronik von Pleiten, Schließungen und kontinuierlichen Reformversuchen einer Kulturinstitution, die nie zu retten war ... Oper fasziniert, gerade weil sie unbezahlbar ist, als Verschwendungsventil, das die bürgerliche Gesellschaft aus Feudalzeiten hinübergerettet hat«,

resümierte Jörg Königsdorf, seit 2012 Chefdramaturg der Deutschen Oper, im *Berliner Tagesspiegel*.[9]

Erweiterte Nutzungskonzepte, die diese kostspieligen Leuchttürme auch tagsüber zu urbanen Begegnungs- und Bildungsorten machen könnten, sind nach wie vor rar, sollten bei anstehenden Sanierungen aber endlich entwickelt werden. Neidvolle Blicke zum Beispiel nach Kopenhagen, wo ein milliardenschwerer Reeder dem dänischen Staat 2005 einen spektakulären Opern-Neubau schenkte, helfen da auch nicht weiter. Es sei denn, man wünscht sich vordemokratische Zeiten zurück. Über den Bauplatz, Größe und Erschei-

---

9   Jörg Königsdorf, »Wie finanziert man Opernhäuser?«, in: *Berliner Tagesspiegel*, 18.11.2000.

nungsbild des Bauwerks entschied dort allein der Bauherr. Ein Vorgang, der nicht nur Begeisterung auslöste, sondern auch Proteste:

>»Die Dänen sind nicht uneingeschränkt froh über diesen Bau. Undemokratisch, zu fett ... Der Kopenhagener Kasus wirft kulturpolitische, wenn nicht gar staatspolitische Fragen auf. Eine davon lautet: Wie viel Dispens von den allgemeingültigen Spielregeln soll sich ein reicher Bürger mit seinem Geld erkaufen dürfen? Die Betriebskosten (20 Millionen Euro) zahlt der edle Stifter natürlich nicht und spart auch noch Steuern mit seinem ›Geschenk‹«,

gab Heinrich Wefing 2005 in der *FAZ* zu bedenken.[10] Vor allem aus Steuergeldern muss beispielsweise die bayerische Staatsregierung demnächst alleine in München die Sanierungen der Oper, des Herkulessaals und der Musikhochschule stemmen. Von anderen notleidenden staatlichen Liegenschaften wie Museen, Theatern, Universitäten und Schulen gar nicht zu reden. Vor diesem Hintergrund erscheinen die schrillen Forderungen nach einem repräsentativen Konzerthaus-Neubau für München realitätsfern. Zumal das kostspielige Gebäude, für das ein Erbpachtgrundstück im ehemaligen Gewerbegebiet am Ostbahnhof vorgesehen ist, nur einem einzigen Klangkörper exklusives Hausrecht garantieren soll: dem Symphonieorchester des Bayerischen Rundfunks. Allerdings steht die ARD unter enormem Spardruck. Welche Auswirkungen das für die Finanzierung dieses Orchesters haben wird, bis das Konzerthaus – frühestens 2036 – fertiggestellt sein soll, ist kaum zu prognostizieren. Rund 30 Millionen Euro hat die Staatsregierung bereits für Planungen verpulvert, die so nun doch nicht realisiert werden. Denkbar wäre auch eine andere Option gewesen, die aber nicht einmal in Erwägung gezogen wurde: die Erhaltung des im Besitz des BR befindlichen Studiobaus. Der verfügt über mehrere exzellente Konzertsäle und Tonstudios, die man für (digitale) Bildungsprojekte, wie sie das neue Konzerthaus bieten soll, bestens hätte nutzen können. Statt dieses einzigartige Haus abzureißen, wie vom BR geplant, hätte man es um einen Konzertsaal auf einem benachbarten Grundstück ergänzen können, das die Staatsregierung jedoch inzwischen an einen US-amerikanischen Konzern verkauft hat. Da-

10 Heinrich Wefing, »Kopenhagens neue Oper: Bei Nacht ist auch diese Katze schön«, in: *Frankfurter Allgemeine Zeitung*, 17.1.2005.

mit wurde die Chance vertan, ressourcensparend einen großen Campus für Musik im Herzen der Stadt zu etablieren und gleichzeitig ein Gebäude für die Nachwelt zu bewahren, das nicht nur Rundfunk-, sondern auch Musikgeschichte geschrieben hat.

Ob es bei den neuerdings geschätzten Baukosten von rund 650 Millionen Euro für das Konzerthaus-Projekt am Ostbahnhof bleiben wird? Eher unwahrscheinlich, wenn man die exorbitanten Kostensteigerungen vergleichbarer Projekte aus jüngster Zeit betrachtet: »Die Elbphilharmonie hat die Diskussion, welches musikalische Programm ein Konzerthaus anbieten soll, wie viel es kosten darf und wofür es steht, angeregt und in das öffentliche Bewusstsein transportiert«, meint der Kulturmanager Benedikt Stampa, seit 2019 Intendant des Baden-Badener Festspielhauses, das als einziges großes Opern- und Konzerthaus in Deutschland im Wesentlichen privatwirtschaftlich geführt wird.[11] In Zeiten leerer Kassen und maroder Infrastrukturen stellen sich Fragen wie diese immer dringlicher: Wie viel (Steuer-)Geld soll in welche Kultur-Immobilien fließen? Wie kann deren Unterhalt dauerhaft solide finanziert werden? Wie lassen sich berechtigte Forderungen nach Inklusion und Teilhabe möglichst breiter Bevölkerungsschichten besser umsetzen? Und, ganz wichtig auch: Wie lässt sich vermeiden, dass weiterhin Steuergelder durch unprofessionelles Management öffentlicher Bauaufgaben sinnlos verschwendet werden?

Wie man es besser machen kann, zeigen zwei Best-Practice-Beispiele, ebenfalls aus München, die nicht in staatlicher, sondern in städtischer Verantwortung realisiert wurden. Als vor einigen Jahren ein Ausweichquartier für das sanierungsbedürftige große Kulturzentrum Gasteig gesucht wurde, das seit 1986 die Philharmonie, die Stadtbibliothek, die Volkshochschule und Teile der Musikhochschule beherbergt, entschied sich die Stadt München für eine ebenso nachhaltige wie kostengünstige Lösung. Nach Plänen des Hamburger Architekturbüros gmp ließ man eine große ehemalige Trafohalle der Stadtwerke aus den 1920er Jahren denkmalgerecht

---

11   Benedikt Stampa, »Konzerthäuser in Deutschland«, in: *Deutscher Musikrat/Deutsches Musikinformationszentrum* 2017, unter: https://d-nb.info/1124025103/34 [zuletzt: 24.01.2025].

Katinka Strassberger

instand setzen und mit einem Konzertsaal in Modulbauweise verbinden. Für dessen Innengestaltung wurde vorwiegend dunkella-
siertes Holz verwendet, das nicht nur optisch eine edle Ästhetik bewirkt, sondern auch für eine sehr gute Akustik sorgt. Die 21 Meter
hohe zentrale Halle des historischen Trafo-Gebäudes dient der
neuen »Isarphilharmonie« als Foyer, von wo aus die anderen dort
residierenden Institutionen ebenfalls zugänglich sind: Gastrono-
mie, Stadtbibliothek und Volkshochschule. Dadurch wird das Haus
auch tagsüber vielfältig genutzt und belebt. Den Architekten ist es
überzeugend gelungen, den industriellen Charakter des Ortes zu
bewahren und daraus ein neues Nutzungskonzept zu entwickeln.
Das Gasteig-Interim beweist, dass es für attraktive und gut funktio-
nierende Kulturbauten vor allem kreative Ideen braucht, insbesondere was neue Nutzungskonzepte für Bestandsimmobilien betrifft.
Trotz Coronapandemie konnte der Komplex fristgerecht in nur ein-
einhalb Jahren Bauzeit fertiggestellt werden, und auch der vergleichsweise niedrige Kostenrahmen von 40 Millionen Euro wurde
eingehalten. »Gute Architektur ist immer auch eine ökonomische
Architektur« – so lautete das Credo des 2023 verstorbenen Architekten Arno Lederer. Von ihm stammen die Pläne für den Neubau
des Münchner Volkstheaters, das etwa zeitgleich auf einem fußball-
feldgroßen Grundstück im Schlachthofviertel errichtet wurde. Das
inzwischen vielfach preisgekrönte »Wunder von München« über-
zeugt nicht nur durch hervorragende architektonische und städtebauliche Qualität, es sorgte auch aus anderen Gründen bundesweit
für Aufsehen. Durch die perfekt getaktete Zusammenarbeit aller
Beteiligten – Theaterintendanz, Kultur- und Baureferat, Architekturbüro und Bauunternehmer – konnte das Gebäude in nur zweieinhalb Jahren fertiggestellt werden, ohne dass der geplante Etat von
130 Millionen Euro überschritten werden musste.

Überraschend vom Himmel gefallen sind diese Wunder also
nicht. Vorbildliche Kulturbauten können nur dann gelingen, wenn
klar ist, was genau man haben möchte, und alle relevanten Fragen
schon im Vorfeld sehr präzise und verbindlich geklärt und vertrag-
lich festgelegt werden. Dazu gehört im Wesentlichen eine detaillierte Bedarfsermittlung betreffend die spätere Nutzung, an der
nach Baubeginn nichts mehr geändert werden sollte, eine darauf

abgestimmte Planung und bauliche Ausführung, eine seriöse Ermittlung der Baukosten und nicht zuletzt: eine professionelle Projektleitung, die darüber wacht, dass alle sich an die vereinbarten Absprachen halten. Diese Aufgabe wurde hier vom Auftraggeber übernommen – dem Baureferat der Stadt München. Nur zwei Beispiele für qualitätsvolle, nachhaltige und kostengünstige Kulturbauwerke, denen man viele Nachahmer wünscht. Auch weil sie – um zum Schluss noch einmal auf die kluge Rede des sozialdemokratischen Kulturpolitikers Adolf Arndt von 1960 zurückzukommen – im besten Sinne demokratisches Bauen verkörpern. Überregionale Strahlkraft, die man sich von sündhaft teuren Prestige-Projekten vielerorts noch immer erhofft, entfalten sie auch ohne postfeudalen Pomp.

Dorothea Kolland

In Rixdorf is' Musike?

Potenziale und Stolperfallen des Musikortes Neukölln[1]

30 Jahre lang habe ich als Kunst- und Kulturamtsleiterin in Berlin-Neukölln gearbeitet, als gelernte Musik- und politisch engagierte Sozialwissenschaftlerin. Hinreichend Wissen und Erfahrung hat sich angesammelt, um der Frage nachzugehen, ob – wie in dem Schlager von 1912 behauptet – Rixdorf wirklich ein Ort der Musik war[2] und heute noch ist und ob daraus Schlüsse zu ziehen sind. Ohne beide Standbeine hätte ich es dort kaum so lange ausgehalten, in einer Stadtregion, in der man 1980, als ich anfing, kaum ahnte, dass es hier Kulturinstitutionen geben könnte, und wo inzwischen viele Künstler mit ihren Ideen zu Hause sind. Der bundesweit bekannte Armutslevel vor Ort hat sich nicht verbessert. Heute ist der ca. 330.000 Menschen beheimatende Bezirk mehr denn je geprägt von Migranten, Flüchtlingen, Queeren, Randständigen, an den Rand Gedrängten, Expats, alternativ leben Wollenden, die mit den »Einheimischen« im Prinzip gut klarkommen. In die Medien geriet jüngst die Neuköllner Sonnenallee, in der es nicht nur wunderbare arabische Konditoreien gibt, sondern heftige Auseinandersetzungen zwischen Palästinenser- und Israel-Freunden zum Ausbruch kommen.

Im Sinne Hermann Glasers, Erfinder der »Neuen Kulturpolitik« in den 1970er Jahren, schwebte mir eine »sozial-ästhetische Infrastruktur«[3] vor, das heißt die Erweiterung von Ästhetik in den sozialen Raum, ihre demokratische Übersetzung, Deutung und Sinngebung – eine neue grundsätzliche Denkstruktur für Leben im

---

1   Rixdorf ist bis 1912 der Name von Neukölln.
2   Vgl. *Rixdorfer Musen, Neinsager und Caprifischer. Musik- und Theatergeschichte aus Rixdorf und Neukölln*, hg. von Dorothea Kolland, Berlin 1990.
3   Dorothea Kolland, »Mindestausstattung Offenheit«, in: *DeGeWo: Heimat Großsiedlung*, Berlin 2012, S. 165.

Gemeinwesen, nämlich partizipative Governance-Strukturen als generelles politisches Konzept.[4] Wie kann das konkret aussehen?

> »Dieses Konzept von ›sozial-ästhetischer Infrastruktur‹ bezieht sich auf sehr unterschiedliche Ebenen, auf real Gebautes wie auf Institutionen, auf Sozial- und Bildungsverhältnisse, auf Kunstproduktion und -präsentation selbst, doch gleichwertig bezogen auf Konzepte, Leitideen, partizipative Kulturentwicklungspläne, Strukturen kultureller Bildung. Welche Ebene auch immer berührt sein mag, so ist das Entscheidende: Das Konzept setzt am Potenzial der Bürger, der Menschen an.«[5]

Diese potenziellen Teilhaber sind ausgesprochen divers – vielfältig und verschieden: Zu den unterschiedlichen nationalen Hintergründen – in Neukölln sind es ca. 140 – kommen die Differenzen hinsichtlich sozialer Herkunft, kultureller Prägung, Religion, Bildung, politischer Überzeugung, Sprache, Traditionsverständnis. Die Erreichung und Erhaltung einer partizipativen, produktiven, kreativen Infrastruktur der Kulturlandschaft fungiert als Leitidee. Aber können in einem solchen zusammengewürfelten Gemeinwesen Musikorte für alle entstehen, als Teil der sozial-ästhetischen Infrastruktur?

Ich werde im Folgenden einige Neuköllner Musikorte skizzieren, die sehr unterschiedlich waren, aber alle von Erwartungen getragen wurden und werden. Manche zerplatzten wie Seifenblasen, andere erwiesen sich als nachhaltig und bergen Zukunftspotenzial. Manchmal sind sie mit Gebautem verbunden, manchmal einem Konzept oder einer Idee verpflichtet. Sie sind die Hardware der sozial-ästhetischen Infrastruktur, sie können »die Töne spielen lassen« – wenn sie passen.

Das Gemeinschafshaus in der Gropiusstadt und seine Konzertreihe

Der einzige Musikort, den ich Anfang der 1980er Jahre in Neukölln vorfand, war eine Konzertreihe mit Abonnement: sechs Konzerte aus dem Klassiksegment – Sinfonien, Kammermusik, Chorwerke,

---

4   Kulturpolitische Konzepte nachzulesen in: Dorothea Kolland, *Werkstatt Stadtkultur*, Essen 2012.
5   Kolland, »Mindestausstattung Offenheit« (Anm. 3)

aufs Podium gebracht von Berliner Musikern. Dafür wurden zwei Drittel des gesamten Neuköllner Kulturetats ausgegeben. Auftritts- ort war das Gemeinschaftshaus in der Gropiusstadt, einer südlichen Trabantenstadt. Deren Mehrzweck-Kulturzentrum, das lobenswer- terweise von Anfang an mitgeplant war, klotzte wie eine gut ver- teidigte Burg zwischen den Hochhäusern[6]. Die Gropiusstädter, das Publikum, waren in den 1950er und 60er Jahren als Umsiedler aus den Sanierungsgebieten des Wedding und Nord-Neukölln gekom- men und genossen ihr Indoor-Bad und vielleicht den Müllschlucker in der Wohnung im 18. Stock: Klassisches Bildungs-Konzertpubli- kum waren sie nicht. Aber es ging ja um ganz Neukölln. In den großen Veranstaltungssaal (es wurde ihm der Charme eines Kühl- schranks der 1970er Jahre nachgesagt) passten maximal 1.000 Men- schen. Es war der einzige öffentliche Raum in Neukölln, der Kon- zertbestuhlung zuließ und über einen Flügel (Steinway) verfügte. Die Abo-Gemeinde bestand zunächst aus ca. 600 Menschen aus dem Südwesten von Berlin, fast alle älter und rein weiß. Das Programm- spektrum, das ich vorfand, spielte sich im 19. und manchmal 18. Jahrhundert ab. Als junge Musikwissenschaftlerin war es mir unerträglich, dass neue Musik nicht vorkam und dass hier die Zeit stehen geblieben schien, als anderswo die Opernhäuser gedanklich in die Luft gesprengt werden sollten. Dies wiederum interessierte das Publikum nicht, es nahm meine notwendigen Veränderungen – finanzielle Umschichtungen des Kulturprogramms – als Beschädi- gung des Musikortes wahr. Die Anzahl der Besucher nahm ab, auch weil sie älter wurden.

Ihre Kinder interessierten sich nicht für diese Musik und dieses Leben, manche flüchteten zum Bahnhof Zoo oder wenigstens an Bushaltestellen. Sie wurden zur »verlorenen Generation«; ihre Mu- sik, ihre Kultur kam öffentlich in der Gropiusstadt nur über ihre Kassettenrecorder und sonst nicht vor, viele Jahre gab es keinen Ort wie zum Beispiel ein Jugendzentrum für sie. Anders die Bestager 40+: Bei Country and Western-Musik war die Hütte voll. Private Band-Unternehmer hatten die Western-Bedürfnisse der Süd-West- Berliner erkannt und informell einen eigenen Musikort geschaffen.

---

6   Zur Gropiusstadt: *Der lange Weg zur Stadt*, hg. von Dorothea Kolland, Berlin 2002.

Sie mieteten das Gemeinschaftshaus und fanden jahrzehntelang ihr Publikum über die Grenzen der Gropiusstadt hinaus. Vollkommen außen vor aber blieben die meisten Bewohner des Kerngebiets von Neukölln: junge Menschen, die alternative Lebensformen erproben wollten und andere musikalische Interessen hatten, und die vielen Menschen nicht-deutscher Herkunft aus der Türkei, dem Balkan, aus Afrika und Asien, die ein Drittel der Bewohner ausmachten. Sie drängten in meine gedanklichen Bemühungen um eine andere sozial-ästhetische Infrastruktur für die Neuköllner, ohne dass sie aktiv drängten – sie kamen einfach nicht.

Um diese Exklusion zu beenden, stellte ich eine äußerlich noch intakte Konzertreihe, einen Musikort infrage. Angesichts der Finanzsituation hatte ich außer Kürzung keine Alternative, wollte ich etwas Neues entwickeln. Ich scheiterte daran, diesen Ort zu aktivieren und auf ein ordentliches Fundament im Gemeinwesen zu stellen – aber dies war zu marode, der Musikort »Konzertreihe im Gemeinschaftshaus« hatte auf falschen sozialen und architektonischen Voraussetzungen aufgebaut. Der etwas zynische Trost: Wer musikalischen Klassikbedürfnissen nachgehen wollte, brauchte sich ja nur in die U-Bahn zu setzen und schon hatte man die wunderbarsten Konzertsäle erreicht. Das Gemeinschaftshaus hatte in diesem Wettbewerb keine Chance. Bis Gropiusstädter es selbst in die Hand nahmen: Immer mehr Aussiedler, vor allem aus Russland, Polen und der Ukraine, fanden dort Wohnungen und gestalteten nach und nach selbst ihr Musikleben. Das Gemeinschaftshaus wurde ihr Kulturort. Von Sprachkursen, ihren Bildern, Kunstwerkstätten, Instrumentalunterricht bis zu Konzerten gaben sie dem Haus neues und vielsprachiges Leben.

»Sommer im Park«

In der fast makabren Situation, eine Großstadt kulturell zu »versorgen«, ohne (außer einem Heimatmuseum) eine einzige Kulturinstitution zu haben, wurde wie ein Wunder ein Ort sichtbar, der zum geliebten Musikort werden sollte: der Körnerpark im Herzen des alten Neukölln. Der eher kleine, zweieinhalb Hektar große Park, bis 1900 Kiesgrube, kommt wie ein Schlosspark daher, mit Rasenparterre, Blumenrabatten, Wasserkaskaden und großen Freitreppen (beliebte Fotokulisse der Neuköllner Vereine und Hochzeitspaare). An die abschließende Umfassungsmauer lehnen sich die Orangerie und das Café an, einen langen, schmalen, wunderschönen Raum freigebend. Der Eigentümer, das Bezirksamt Neukölln, wusste nicht, was mit dieser Räumlichkeit zu tun sei. Die Lage direkt unter der Einflugschneise nach Tempelhof brachte ständig Fluglärm und Erschütterung, sodass selbst die Brauereien abwinkten, dort einen Biertempel einzurichten.

Die Künstler wiederum riefen drängend nach Ausstellungsräumen, und mit der geringstmöglichen Finanzausstattung (ohne Personal) wurde das wunderschöne Ensemble, baulich zunächst marode, dem Kulturamt für den Sommer als »Galerie im Körnerpark« übereignet (im Winter sollte es Orangerie bleiben; der Publikumserfolg der Galerie revidierte diese Planung). 1983 wurde die Galerie eröffnet, und für den Frühsommer 1984 wurde zu den ersten Konzerten eingeladen, seit 1985 unter dem Label »Sommer im Park«. Bis heute findet im Sommer jeden Sonntag um 18:00 Uhr vor der Galerie, geschützt durch die großen Treppen als Resonanzhintergrund, ausgestattet mit einfachen Sitzgelegenheiten und etwas Tontechnik, umsonst und draußen ein Konzert statt; bei Regen kann man in die Galerie ausweichen, und an den regelmäßigen Fluglärm der Einflugschneise gewöhnte man sich bis zur Schließung des Flughafens 2008.

Von Anfang an wurde dies der »Musikort der Herzen«, und zwar für die Herzen aller. Die Bedingungen stimmten: Man konnte sich hinsetzen, mit Bier oder Eis in der Hand, und auch einfach weggehen, alle Generationen waren willkommen und kamen auch. Eine solche friedliche, offene Publikumsmischung – je nach Musik und Wetter kommen 100 – 400 Zuhörer – war damals schwerlich anderenorts erlebbar, es gibt Menschen, die nur deshalb sonntags nach Neukölln kommen. Die Programmstruktur wurde von einem Kuratorenteam entwickelt. Die Konzerte waren von unterschiedlichen Musikstilen bestimmt, und für jedes Konzert standen anfangs 500,– DM, später bis zu 1.000,– € zur Verfügung. Meist gab es ein Chorkonzert, einmal Ethno, einmal Jazz, einmal Klassik, einmal Experimentelles, einmal Chanson, einmal Rhythm and Blues,

Bluegrass, Weltmusik aus Afrika, Arabien, Indien oder Mexiko. Ein Konzert ging an die Musikschule zur freien Gestaltung. Wichtig war die Einbindung der einheimischen Musikerszene. Der Verdacht von Klüngelwirtschaft kam nicht auf. Natürlich gab es auch Höhepunkte wie die Präsenz von Musiktheater, die Berliner Mehter-Kapelle (Osmanische Blasmusik), das Ensemble Neue Musik, ein ganzes Orchester von »Young Euro Classic«. Legendär wurde ein Jodelkonzert.

Erstaunlich war und ist das Publikum. Dort, am Sonntagnachmittag, trafen sich Ausflügler, migrantische Großfamilien, alte Damen allein oder in Kaffeekränzchenbesetzung, Musikfans mit Aufnahmegeräten, die sich einen Konzertsaalbesuch nicht leisten konnten, Liebespaare, Ausstellungsbesucher. Viele hörten Klänge, die sie sich nicht ausgesucht hätten und diese doch durchaus akzeptabel fanden. Und so kam es nicht nur einmal, dass die Großmutter in Silberlocken vor einer Bühne saß, deren Musik sie eigentlich befremdete, sie aber von der Atmosphäre zum Zuhören hingerissen wurde. Und sie blieb sitzen und hörte zu. Ohne Ängste und Hemmungen kamen viele Migranten aus der Nachbarschaft, für ihre Kinder eine beliebte Disko. Und die Musiker kamen trotz schlechter Bezahlung gerne, weil sie die besondere Stimmung liebten. Hier ist ein Musikort für alle entstanden, mit einer kleinen Bühne, Mini-Technik und Bierbänken. Die notwendigen Voraussetzungen dafür: Offenheit für andere und für anderes. Es gelang Diversity, Offenheit zu realisieren, Diversity des Programmangebots, Diversity des Publikums und – ansatzweise – Diversity der Macher. Damit wurden die Neuköllner Konzerte auch Modell für andere Parkmusik in Berlin.

Der Posaunenchor der Brüdergemeine Rixdorf

Ein besonderer Musikort für die, die keine Scheu vor Kirchenmusik haben, ist der Posaunenchor der Brüdergemeine Rixdorf, der sich sonntags und besonders am Ostersonntag in aller Früh für alle offen präsentiert. Ihn gibt es seit 1779, heißt es in der Chronik der Gemeinde: »Wir gingen dann mit voller Musik, mit Posaunen, Trompeten und Hörnern und Violinen die Gräber der Unseren besuchen.«[7] Zu hören ist der älteste Posaunenchor Berlins; entstanden aus der Böhmischen Brüdergemeine, die sich 1737 in Rixdorf ansiedelte, als protestantische Glaubensflüchtlinge aus Böhmen kommend. Im Gepäck hatten sie sowohl böhmisches Musikantentum wie Herrnhutische Strenggläubigkeit, sichtbar jeden Ostersonntagmorgen, wenn die Gemeinde zum Böhmischen Gottesacker zieht, mit Zylinder und Häubchen angetan.[8] Mit einem festen Musikkanon begleiten sie den Rest des Jahres das Gemeindeleben der kleinen Brüdergemeinde, der bei den Gottesdiensten, Geburten, Trauungen und Beerdigungen von dem natürlich rein ehrenamtlichen Bläserensemble vorgetragen wird, in dem heute – das ist die wesentliche Änderung gegenüber 1779 – Männer und Frauen spielen.

Ein Musikort für alle? Einer, der seit Jahrhunderten existiert, nicht als gebauter Raum, sondern als musikalische Tradition und als Identitätsmoment. Die Substanz ist ihr musikalischer Kanon und das musikalische Können der Bläser, das im Wesentlichen innerhalb der Familien weitergegeben wird. Für Neukölln ist dieser Posaunenchor geradezu ein Stück Weltkulturerbe und ein bedeutendes Identifikationssymbol dafür, dass Rixdorf von Glaubensflüchtlingen, Exulanten, gegründet wurde; die Brüdergemeinde bezieht sich auch auf diese ihre Geschichte in ihrer Gemeindearbeit.

Der Saalbau Neukölln / Heimathafen

Eine gänzlich andere Neuköllner Musiktradition setzt sich zumindest räumlich in der Karl-Marx-Straße fort: Der »Saalbau« (1876) und die »Passage« (1908) sind von einstiger Pracht zeugende Überreste der bedeutenden Vergnügungskultur in Rixdorf, um die Wende vom 19. zum 20. Jahrhundert berühmt nicht zuletzt durch den Schlager »In Rixdorf is' Musike«. Nicht nur die Hitparade von 1892 führte dieser Schlager an, die Realität selbst protzte. Die damalige Berliner Straße, die heutige Karl-Marx-Straße, war zur Rixdorfer Prachtstraße und Magistrale geworden. Auf einer Strecke von

7   *Rixdorfer Musen, Neinsager und Caprifischer,* hg. von Dorothea Kolland, Berlin 1990, S. 67.
8   Dorothea Kolland, »Die Musiktraditionen der Rixdorfer Exulanten«, in: *Das Böhmische Dorf in Berlin-Neukölln 1737–1987,* hg. von Werner Korthaase, Berlin 1987.

200 m entstanden drei privat betriebene große Ballsäle. Zwei davon existieren bis heute. Insgesamt waren es etwa 140 Musik- und Theaterspielstätten, die schließlich den Ruhm von »In Rixdorf is' Musike« begründeten; Rixdorf wurde zum Tanzpalast der kleinen Leute aus Berlin – zu ihrem Musikort.[9] Der Erste Weltkrieg und später die Nationalsozialisten beendeten diese Hochkonjunktur der »kleinen« Kultur.

Der Saalbau, inzwischen in öffentlicher Hand, verfiel in den 1970er Jahren, nach kurzem Aufleben nach dem Zweiten Weltkrieg. Aufgrund eines undichten Dachstuhls erblühten Fäulnis und fataler Schwamm; eigentlich wartete man nur auf die Abrissgenehmigung, um das Grundstück in bester Lage verkaufen zu können. In diesem Zustand – als Musikort für alle meilenweit entfernt von Nutzbarkeit – wurde ich 1981 zuständig, allerdings wurde mir untersagt, über den Komplex »Saalbau Neukölln« zu sprechen: Er sollte zu Geld gemacht und nicht als Kulturort reaktiviert werden. Dies war jedoch nicht meine Überzeugung und Absicht. Ich wusste, dass hier ein wertvolles Kulturdenkmal gefährdet war und Räume auf dem Spiel standen, die angesichts der herrschenden Kultur- und Musikraumnot dringend benötigt wurden.

Eine lange Geschichte eines Machtkampfes zwischen den politischen Parteien begann. Der Saalbau wurde der Zuständigkeit der Abteilung Kultur entzogen. Es ging um Verfügungsmacht und nicht um Rettung sozial-kultureller Infrastruktur. Und es ging um grundsätzliche Fragen der Stadtentwicklung: Sollte sie mit der Abrissbirne vollzogen werden oder durch erneuernde Restaurierung des Vorhandenen? Es war genau die Phase des Paradigmenwechsels der Berliner Baukultur. Mit Glück für die Kultur in Neukölln wurde 1983 der Wiederaufbau im Abgeordnetenhaus beschlossen, veranschlagt waren 23 Millionen DM. Das Land unterstützte den Bezirk, denn die Berechnung der Mindestausstattung sprach dafür, und das Vorhaben passte in die Vorbereitung der 750-Jahr-Feier Berlins. Und es gab Mitarbeiter der Senatsverwaltung und Mitglieder des Parlaments in verschiedenen Fraktionen, die als Kinder ihre ersten Mu-

---

9   Musikgeschichte im Detail in: *Rixdorfer Musen, Neinsager und Caprifischer*, hg. von Dorothea Kolland (Anm. 7).

sikerlebnisse im Saalbau hatten und diese positiv erinnerten. Sie unterstützten den Wiederaufbau. Zähneknirschend mussten die Mehrheit des Bezirksparlaments und die Zentralverwaltung des Bezirks, eher an die Abrissbirne glaubend, das Geschenk annehmen und den Bau moderieren. Dank der beauftragten Baufachleute – Architekten wie Hochbauamt, Vertreter des Paradigmenwechsels – wurde das Haus sachkundig und denkmalsgerecht gebaut, mit großem und kleinem Veranstaltungssaal, Mittelbühne, versenkbarem Orchestergraben, Probenräumen, Büro, einer Galerie und – wichtig – einem sehr schönen Café, zur Nutzung 1990 eröffnet. Sie waren es auch, die häufig den Rat der Kulturfachleute einholten.

Kurz vor Fertigstellung beschloss 1989 eine neue politische Mehrheit im Bezirk, das Haus wieder unter die Verantwortung der Kulturabteilung zu stellen. Mit großer Freude versuchten wir, das Haus wieder mit Kultur zu füllen, vor allem mit Musik. Traditionell waren dort gerne Chöre aufgetreten, weil die Akustik dafür sehr geeignet war. Aber im Neukölln des Jahres 1990 war die Chorlandschaft sehr dünn, und wer von den Zehlendorfer Chören wollte schon in Neukölln auftreten? Und Musiktheater? Die Freie Szene war erst im Entstehen, es gab noch kein Fördersystem. Für eigene Produktionen fehlte Geld und Know-how. Ein Zukunftsschimmer war die Eigenproduktion »Heißt du wirklich Hassan Schmidt«, ein Musical von Andi Brauer nach einem Jugendkrimi von -ky, finanziert von der »Sozialen Künstlerförderung« (1992). Aber das war eine große Ausnahme. Denn weder die vorhandene Personal- noch die Finanzausstattung war für einen Spielbetrieb auskömmlich. Das Haus konnte seine Potenziale nicht entwickeln, weder an Traditionen anknüpfen noch eine neue Prägung entfalten. Autonomie und künstlerische Freiheit waren durch Politik gefährdet, Reste davon tilgte die Unterwerfung unter die Kameralistik des öffentlichen Haushalts – der Saalbau, obwohl Musik- und Theaterbetrieb, unterlag den gleichen Haushaltsregeln wie eine normale Verwaltung.

Als Not-Befreiungsschlag erschien die Privatisierung des Betriebs, zu der wir uns mit Bauchschmerzen entschlossen. Es ging gut aus, kompetente und gut ausgestattete Theaterfrauen wagten, das Haus unter dem neuen Namen »Heimathafen« zu mieten. Besitzer blieb das Bezirksamt, um gegebenenfalls mitreden zu können. Mit guten Szenenetzwerken, privatem Geld und nach und nach gewisser öffentlicher Förderung gelangen sehens- und hörenswerte Produktionen, die Avantgarde-Musikszene mietete sich ein. Heute ist der Heimathafen ein Musik- und Kulturort mit Profil und Entwicklungspotenzial.

Die »Passage« – Neuköllner Oper

Ganz anders zwei Häuser daneben: die »Passage«, seit 1988 Heimstatt der Neuköllner Oper. 1908 als architektonisches Experiment gebaut – zwei gleiche, prächtige Häuser wurden durch ein quergestelltes Brückenhaus in der Höhe des 2. Stockes verbunden –, in dem die beiden großen Veranstaltungssäle Raum fanden und zugleich auf Straßenniveau die »Passage« zuließen, den Durchgang zwischen zwei wichtigen Straßen. Ein stadträumlich markanter Ort. Der große Festsaal war ein beliebter Veranstaltungssaal und Kneipe (»Tarantel«), und seit 1910 gab es das »Excelsior-Kino«! Vermutlich wäre das Haus nach vielfältiger Hin- und Her-Nutzung umgebaut und modernisiert worden, wäre der große Festsaal seit Kriegsende nicht an einen großen Gebrauchtmöbelladen vermietet worden. Man hätte viel draus machen können, aber der private Besitzer nach dem Mauerbau, Victor Kopp, war sehr vorsichtig und wollte letztendlich eine sinnvolle Nutzung und nicht nur Gewinn – er wartete. Die Möbel – dreifach übereinandergestapelt – zerstörten die Wände nicht, Umbau fand keiner statt, Miete floss trotzdem. Selbst das letzte Bühnengemälde aus den 1930er Jahren war noch vorhanden.

Mit den Hufen scharrten nicht nur Westberliner Medienmoguln, das schöne, zentral gelegene Haus begehrend, sondern eine kleine, zähe Musiktheatergruppe, die sich seit 1976 um den Neuköllner Kirchenmusiker Winfried Radeke geschart hatte: begeisterte Sänger, die unbedingt auf die Opernbühne wollten, mit anderen, neuen Werkinterpretationen. Das Problem: Sie hatten kein festes Haus und natürlich kein Geld. Zum Proben – und auch mal für eine Aufführung – konnte man Kirchenräume nutzen, doch sonntags vormittags war immer Schluss. Mit großer Resilienz nahm man die ständigen Umzüge durch die Säle Westberlins in Kauf, aber Mitte der 1980er Jahre waren die Nerven am Ende, die wunderbare Produktion der »Bettleroper« drohte das Ende zu werden.

Doch es glückte, den Besitzer der »Passage« mit den Opernbegeisterten zu verkuppeln, und es gelang, Mitstreiter aus dem Kultur- und Bausenat – und dem Denkmalschutz – zu gewinnen. Ein Programm-Kino als Partner fand sich auch. Mit einer riesigen Kraftanstrengung wurde im Herbst 1988 in der »Passage« die Neuköllner Oper und das Kino eröffnet, mit Förderzusagen der Kulturpolitik. Die Miete zahlte der Bezirk. Das Konzept der Neuköllner Oper überzeugte: Sie wollte einen Ort für aktuelles Musiktheater, in dem alles dort zur Sprache kommen konnte. Die hervorragende Auslastung beweist das Gelingen der Absicht. Um diese Chance hatten viele Menschen lange Jahre gekämpft. Auch in ihrer Struktur war sie keine Institution wie eine »normale« Oper, sondern ein kleines Leitungsteam mit vielen Leuten drumherum. Technischer Support kam vom »Kulturnetzwerk«, ein Selbsthilfebündnis der Neuköllner Kulturprojekte, das alle möglichen Arbeitsmarktförderungen nutzte.

Die Neuköllner Oper entstand aus einer singenden, theaterbesessenen Gruppe, die heute noch als Verein Träger und Bestimmer ist und sich mit dem Haus identifiziert. Für den Erfolg wesentlich verantwortlich aber ist das, was auf die Bühne kommt und in seiner Thematik einen Nerv der Zeit trifft. Das geht nur mit guten Opernmachern – das waren, nach Winfried Radeke, vor allem Peter Lund und viele meist junge Komponisten und Regisseure, darunter viele Frauen. Und es ist ein Uraufführungstheater – jedes Stück ist neu und ein Wagnis und doch mit klarem Profil. Eine Fülle von ›kleinen‹ Opern und Musicals, vielfach anderswo nachgespielt, sind entstanden – oft in Kooperation mit der Musikhochschule, der heutigen UdK (Universität der Künste). Es wurde eine experimentelle Oper mit einem echten demokratischen Governance-Konzept und getragen von Partizipation und Teilhabe, ein Musikort für alle.

»48 Stunden Neukölln« – ein Netz als Kulturort

Das letzte Neuköllner Beispiel eines Musikortes ist ein Event, das wie ein Netz – ein sozial-ästhetisches Netz – über den ganzen Bezirk

gelegt wird: die »48 Stunden Neukölln«. Einmal im Jahr, 48 Stunden lang, von Freitagabend bis Sonntagabend, wird die Möglichkeit
von Kunst und Kultur an allen möglichen Orten entdeckt: Leere
Läden, Baustellen, alte Scheunen, Türme, Straßenkreuzungen, Spä-
tis, Kirchen, Friedhöfe, U-Bahnhöfe, Grünflächen, Schwimmbäder,
Kanalisationsstationen – Künstler erforschen das Potenzial des
Quartiers und entwickeln Kunstprojekte. Wenn sie Glück haben, bekommen sie eine ganz kleine Unterstützung dafür. Das Management und die Öffentlichkeitsarbeit übernimmt das Kulturnetzwerk
Neukölln, das die Kulturszene Neuköllns gemeinsam als Solidar-
pakt bildete.

Das erste Fest 1999 war ein Protestschrei gegen den schlechten
Ruf, der dem Bezirk angehängt wurde: »Endstation Neukölln«.
Künstler und Kulturliebhaber bewiesen das Gegenteil mit 100
Events – Konzerten, Performances, Ausstellungen, Führungen in
48 Stunden, über die Fläche verteilt. Aufgrund des großen Interes-
ses inner- und außerhalb des Bezirks entwickelte sich daraus ein
jährliches Ereignis, inspiriert, getragen, organisiert und – bis auf
langsam wachsende Zuschüsse der öffentlichen Hand – selbst finanziert von Künstlern und ihrem Netzwerk. Inzwischen ist es das
größte Festival Berlins.

Die Musikevents sind prägende Elemente des Netzes, wie kunst-
volle Knoten eingewirkt. Es können meditative Klänge in einer
Kirche sein, aber auch nächtliche Partys auf dem Kindl-Gelände,
Konzerte in Parks und in Kirchen oder ein Musikschiff, das über die
Kanäle fährt. Und das Netz ist eines im doppelten Sinn, denn es
bietet die Verankerung von Experimenten, die sonst in der freien
Luft schweben würden: die Unterwasseroper im Stadtbad Neukölln
von Claudia Herr; Anna Prohaska, John Dowland singend in ihrem
Gummiboot; das Balkonkonzert, bei dem, moderiert von Rebecca
Uhlig, Sängerinnen auf allen zu einem Hof gehenden Balkonen ei-
nes alten Mietshauses gemeinsam neue Polyphonie entwickelten;
das Treppenhauskonzert in dem von mehreren Musikern bewohn-
ten Haus, die über alle Stockwerke und Treppenabsätze hinweg
Kammermusik und Improvisation wagten. Das Netz der »48 Stunden« bietet den Rahmen, der den Künstlern Sicherheit gibt, sich der
Öffentlichkeit, allen zu stellen. Aber vor allem macht dieses Netz

Mut, Fantasie und Kreativität zu entwickeln und Projekte zu realisieren, die eigentlich kaum möglich erschienen.

Resümee

All diese Erfahrungen resümierend, sind – zumindest auf der kommunalen Ebene, und das ist mein Erfahrungshorizont – einige Gelingens- wie auch Misslingensbedingungen für sozial-ästhetische Infrastruktur benennbar, also für Musikorte, größere wie kleinere, Gebautes wie Strukturelles. Wichtig ist das Bemühen um Partizipation und Teilhabe, eingebunden in eine neue Governance-Struktur. Das habe ich gerade in meinem ersten Arbeitsbeispiel auf Kosten eines Musikortes lernen müssen, erfuhr dann aber auch Erfolge, wenn die Verantwortung von Teilen des Publikums übernommen wurde: Es entwickelte sich Neues. Genauso wichtig ist die Achtung der Diversität, zumal in einer vielkulturellen Kommune: Vielfalt, Diversität im Programmangebot, in der Publikumszusammensetzung bei einem umfassenden, vielfältigen Teilhabe-Anspruch und Vermittlungsstrategie, und Vielfalt auf der künstlerischen wie nicht-künstlerischen Produzentenebene. Das musste ich lernen.

Freiraum und Neugier für Kreativität sind nötig, sonst gäbe es »48 Stunden« nicht, ebenso wie Achtung vor Tradition, wenn sie identitätsbildend ist wie beim Brüdergemeine-Posaunenchor. Überkommene Governance-Macht-Strukturen können Musikorte verhindern, die Akzeptanz alternativer Mitverantwortungsprozesse neue Orte ermöglichen – wie die Neuköllner Oper. Und die Atmosphäre der diversen Neuköllner Musikorte (es gäbe weitere zu benennen) strahlt aus: Neben dem Saalbau haben sich vor Kurzem das Deutsche Chorzentrum und der Landesmusikrat Berlin angesiedelt – vor 30 Jahren unvorstellbar. Und beim ehemaligen Kriegerdenkmal hat der größte Plattenladen Deutschlands neu eröffnet.

In diesem Beitrag wurde generell das Maskulinum verwendet. Angesichts der Tatsache, dass die Autorin eine Frau ist, ist es selbstverständlich, dass immer Männer und Frauen als Akteurinnen gemeint sind (und es auch waren).

Carsten Brosda

Wo erleben wir Musik?

Die Frage »Wo erleben wir Musik?« ist eine ganz zentrale, die auch die Kulturpolitik umtreibt. Genauer gefragt: An welchen Orten konkret erleben Menschen Musik und wie müssen diese Orte aussehen, damit sie auch tatsächlich alle Bürgerinnen und Bürger einer Stadtgesellschaft oder einer Region erreichen?

Ein Beispiel, das mich in diesem Kontext in den letzten Jahren viel beschäftigt hat, ist der Bau und Betrieb der Elbphilharmonie. Hamburg hat mit der Elbphilharmonie nicht nur eines der herausragenden Konzerthäuser der Welt gebaut, sondern dabei auch immer den Anspruch formuliert, ein »Haus für alle« zu errichten; also tatsächlich ein Konzerthaus, das die gesamte Stadtgesellschaft und alle Besucherinnen und Besucher der Stadt anspricht, unabhängig davon, ob sie bereits Vorerfahrungen mit klassischer Musik haben oder wie intensiv sie sich für unterschiedliche Musikstile und -programmatiken interessieren.

Das Entscheidende dabei ist gewesen, dass die Stadt Hamburg als Bauherrin, anders als bei anderen großen Kulturprojekten in der Vergangenheit, nicht gesagt hat: »Wir bauen für die unterschiedlichen Zielgruppen unterschiedliche Formen von Angeboten innerhalb eines Gebäudes.« So ist es bei anderen Konzerthäusern in Deutschland, in die zugleich noch eine Bibliothek oder ein soziokulturelles Zentrum integriert wurde, um so alternative Angebote für diejenigen zu schaffen, die vermeintlich keine Musik hören. Letztendlich kommen aber doch alle an einem Ort zusammen. Bei der Elbphilharmonie hingegen haben wir sehr früh und sehr klar und bis heute sehr eindeutig auf die Strategie gesetzt, dass alle Besuchenden tatsächlich eine Idee davon bekommen sollen, was im Konzertsaal passiert.

Daher haben wir dafür gesorgt, dass sich auch alle in den Konzertsaal eingeladen gefühlt haben: Wir haben »Konzerte für Hamburg« veranstaltet, für die Tickets nur in Stadtteilen über Stadtteilbibliotheken zu erwerben waren, oder über einen Bus, der auf die

Marktplätze gefahren ist, um tatsächlich mit dem konkreten Angebot, direkt vor Ort präsent zu sein, da, wo die Leute tagtäglich sind
und nicht nur dort, wo sie für Kulturgenuss hinkommen. Parallel
haben wir ein großes Education Programm entwickelt, mit dem wir
über 1.000 Workshops pro Jahr veranstalten. Dabei sprechen wir
nicht nur Schülerinnen und Schüler, sondern auch Familien und
andere Musikinteressierte an, um ihnen Musik näherzubringen –
mit dem Ziel, diese »Reise zur Musik« im Konzertsaal enden lassen.
Dabei versuchen wir immer wieder neu zu überlegen, wie wir die
Gruppen der Stadtgesellschaft erreichen, die sich vielleicht habituell
und von dem, was so ein Konzerthaus klassischerweise ausmacht,
nicht unmittelbar angesprochen fühlen. Also jene, die eben ein biss-
chen mehr Überzeugungsarbeit brauchen, um zu verstehen, dass
das etwas ist, das wirklich alle ansprechen soll.

Ein wichtiges Charakteristikum für einen gelungenen Musikort
für alle ist also die klare Haltung, so ein Haus für alle auch tatsächlich zu wollen und das für die Kulturinstitution zu einem program-
matischen Inhalt zu machen.

Wichtig ist außerdem, dass die Kulturpolitik bei Musikerlebnis-
sen nicht nur die großen Konzerthäuser im Blick haben darf. Wir
haben etwa mit dem »Ensemble Resonanz« in Hamburg ein Ensemble, das einerseits das Residenzorchester für den kleinen Saal
der Elbphilharmonie ist und andererseits in einem ehemaligen
Luftabwehrbunker aus dem Zweiten Weltkrieg einen Club unter-
hält. In diesem können neben klassischen Konzerten auch andere
Formate stattfinden, um dort Mischungen hinzubekommen, um
verschiedene Zielgruppen anzusprechen oder sogar bewusst mehrere davon anzusprechen und vor Ort zu vermischen, ganz allgemein um Erwartungshaltungen zu durchbrechen und zu unter-
laufen.

Kulturorte brauchen – überall in der Stadt, gerade dort, wo sie
an den Bruchkanten städtischer Entwicklung entstehen – Raum,
um sich entwickeln zu können. Gerade das, was in der freien, eben
nicht geplanten und häufig auch nicht staatlich unterstützten Club-
szene passiert, ist – durch alle Genres hinweg – unglaublich wert-
voll dafür, dass unsere Städte auch tatsächlich eine Infrastruktur
aufweisen, die eine musikinteressierte Stadtgesellschaft in ihrer

kompletten Breite anspricht. Diese Infrastruktur zu gewährleisten, ist Aufgabe staatlicher Kulturförderung.

Dabei muss sich die Kulturpolitik stets fragen: Stimmen die Rahmenbedingungen in der Stadtentwicklung? Stimmen die Möglichkeiten, dort auch tragfähige und nachhaltige Geschäftsmodelle zu entwickeln? Wenn dem so ist, ist es tatsächlich sinnvoll und nicht nur ein Abenteuer oder Selbstausbeutung, einen solchen Ort auch wirklich zu betreiben. Damit wir eine lebendige Musiklandschaft in einer Stadt gewährleisten können, braucht es jederzeit immer auch politische und gesellschaftliche Aufmerksamkeit und die Lust darauf, Musik als das zu begreifen, was sie sein kann: ein Genuss, aber auch ein Instrument des gesellschaftlichen Austauschs.

Ernst Bloch bezeichnete Musik mal als »Spiegel des Utopischen« und erklärte, sie verhalte sich »seismographisch zum gesellschaftlichen Sein«. Musik ist in der Tat die Kunstform, die den sozialen und kulturellen Strömungen unserer Gesellschaft vielleicht am besten nachspüren kann. Dafür braucht sie Raum und konkrete Räume – für alle.

Hannelore Vogt und Christine Kern

Be a Maker, not a Taker

Die Kölner Musikbibliothek – ein Ort für Kreativität und Austausch

Die Gesellschaft befindet sich im Umbruch, und dies gilt auch für die Rolle der Bibliotheken – die Musikbibliotheken sind ein Teil davon. Bibliotheken sind dabei nicht allein, denn Institutionen, Organisationen und auch andere Branchen weltweit müssen sich neu ausrichten. Die klassische Grundressource der Bibliotheken ist die Vermittlung von Bildung und Wissen, und daran hat sich nichts geändert. Sehr gut umschreibt das die Aussage des Künstlers Willem de Kooning. »I have to change to stay the same.« Bibliotheken werden ihrem Auftrag unter den veränderten Rahmenbedingungen inzwischen auf ganz anderen Wegen gerecht und haben ihre Angebote völlig neu gedacht. Ein gleichberechtigter Zugang zu Wissen ist heute weit über das geschriebene Wort hinaus notwendig und beinhaltet auch die kulturelle, mediale und digitale Bildung. Bibliotheken sind schon immer zutiefst demokratische Einrichtungen – sie sind konsumfrei, für jedermann zugänglich und decken ein breites Spektrum für unterschiedlichste Alters- und Interessengruppen ab. Zeitgemäße Bibliotheken sind Orte des »Wissens zum Anfassen«, sie sind Erlebnis- und Interaktionsräume, die zum Entdecken, aber auch zur Entschleunigung und zur Kontemplation einladen. Der Begriff des Lernens wird sehr weit gefasst und geht über das reine Lernen aus Büchern hinaus – Lernen durch eigenes Tun und breite Bürgerbeteiligung spielen eine essenzielle Rolle: Bibliotheken verbinden hierbei Fortschritt mit Teilhabe. Viele Menschen möchten selbst aktiv und kreativ sein, Neues ausprobieren, eigene »Produkte« herstellen und ihr Wissen gerne auch mit anderen teilen.

Das Motto der Kölner (Musik-)Bibliothek »explore, create, share« gilt nicht nur für die Besucher:innen, sondern selbstverständlich und auch dauerhaft für das Management sowie alle Mitarbeitenden der Bibliothek. Bei der Musikbibliothek der Stadtbibliothek Köln handelt es sich nicht nur um einen Raum, in dem Medien und Veranstaltungen angeboten werden, sondern um eine neue Philosophie, die auf der aktiven Teilnahme der Bibliotheksnutzenden beruht. Die Bibliothek stellt dabei vor allem die Infrastruktur zur Verfügung und vernetzt die Interessent:innen. Hier entstehen Programme, die von Menschen leben, die ihre eigenen Ideen und Projekte einbringen. Die Musikbibliothek bietet Knowhow außerhalb des regulären Bildungssystems und trägt aktiv zur gesellschaftlichen und kulturellen Entwicklung der Gesellschaft bei.

Die Musikbibliothek als Dritter Ort

In Zeiten umfassender digitaler Kommunikation und Vernetzung braucht es wieder Orte der unmittelbaren Kommunikation von Mensch zu Mensch. Bibliotheken haben sich zu Dritten Orten gewandelt und den Begriff für sich neu definiert. Der Soziologe Ray Oldenburg kategorisierte 1989 in seinem Buch *The Great Good Place* unsere Lebensräume in erste, zweite und dritte Orte. Als erster Ort wird das Zuhause bezeichnet, der zweite Ort ist der Arbeitsplatz. Dritte Orte sind Räume der Begegnung. Das können öffentliche Räume im Stadtraum sein, aber auch halböffentliche Orte wie Bahnhöfe, Cafés, Theater oder Bibliotheken.[1] Bei Oldenburg erfährt der Dritte Ort keine übergeordnete Zweckzuweisung, Bibliotheken hingegen bieten Wissensaustausch zu Kultur, gesellschaftlichen Themen oder Wissenschaft – sie werden geplant und gestaltet. So ist auch die Kölner Musikbibliothek weit mehr als nur ein Ort, an dem man Medien ausleihen kann. Sie ist ein beliebter Treffpunkt für Musikliebhaber:innen und bietet innovative Programme und Dienstleistungen für alle Musikinteressierten. Künftig sind dort eine feste Bühne, Pop-up-Spaces mit professionellem Equipment für Konzerte, ein Café und eine Dachterrasse für Outdoor-Programme vorgesehen.

---

1   Ray Oldenburg, *The Great Good Place: Cafes, Coffee Shops, Community Centers, Beauty Parlors, General Stores, Bars, Hangouts, and How They Get You Through the Day*, New York 1989. Vgl. auch ders., *Celebrating the Third Place: Inspiring Stories about the »Great Good Places« at the Heart of Our Communities*, New York 2000.

Die Kölner Musikbibliothek – analoge und digitale Angebote

Als öffentliche Einrichtung steht die Musikbibliothek und ihr Angebot allen Menschen offen und stellt mit ihrer Zugänglichkeit damit in Köln ein Alleinstellungsmerkmal dar. Das Angebotsportfolio ist eine Verflechtung analoger und digitaler Medien. Neben Musikliteratur und gedruckten Noten wird ein kleiner, aber feiner Bestand an Schallplatten mit aktuellen Veröffentlichungen und neu aufgelegten Klassikern der Rock- und Poplandschaft gepflegt, ganz dem Interessenstrend wieder hin zu Vinyl folgend. Noch gibt es Musik-CDs und -DVDs, das geänderte Mediennutzungsverhalten wird hierbei jedoch laufend analysiert und fließt in die Entscheidungen zur Bestandsentwicklung ein. So liegt neben wichtigen und noch immer stark nachgefragten CD-Neuerscheinungen explizit auch ein Schwerpunkt auf besonderen Ausgaben und hochwertigen Collections. Mit der »Naxos Music Library« wird allen Bibliotheksmitgliedern ein sehr umfassendes und qualitativ hochwertiges Musik-Streaming-Angebot im Bereich der Klassik, in kleinerem Maß auch für Jazz und Weltmusik geboten. Für audiovisuelle Liebhaber steht mit »medici.tv« ein attraktives Videostreaming-Angebot mit Live-Konzerten, Konzertmitschnitten für klassische Musik, Ballett, Tanz und Jazz, Dokumentationen und Masterclasses bereit. Mit vielen tausend Noten ist die Musikbibliothek ein wichtiger Anlaufpunkt für Menschen, die ein Instrument neu lernen, Hobbymusiker:innen, professionelle Musiker:innen, Komponist:innen und Dirigent:innen. Das Angebot der analogen Noten wird durch die digitale Notenbibliothek »nkoda« ergänzt. »nkoda« beinhaltet über 100.000 Noten aus allen Genres und für unterschiedlichste Instrumente – Zielgruppe sind alle Musiker:innen vom Anfänger bis zum Profi. Die digitale Form bietet viele Zusatzfunktionen wie Personalisierung und Bearbeitung der Noten. Vor allem während der Coronapandemie haben viele Nutzer:innen die digitalen Angebote neu für sich entdeckt. Diese Möglichkeit, die Bibliothek auch außerhalb der Öffnungszeiten, spontan und bequem von zu Hause zu nutzen, bietet einen großen Mehrwert.

Best Practice: Der Musik-Makerspace – mehr als ein Raum

Bereits 2013 griff die Stadtbibliothek Köln den internationalen Trend der Maker-Bewegung auf und eröffnete einen »Makerspace« als Teil der Musikbibliothek und mit starken Akzenten auf Musik und Film. Dies ist ein offener Raum mit neuer Technologie, Tools und Medien zur freien kreativen Nutzung. Längst findet »Making« nicht mehr nur in diesem Raum statt, sondern zieht sich durch viele Bereiche des gesamten Bibliothekssystems inklusive der Stadtteilbibliotheken. Eigenes Tun steht hier im Vordergrund.

Best Practice: Musikinstrumente und Bibliothek der Dinge

Das praktische Musizieren ist fester Bestandteil der Musikbibliothek. Bereits seit Eröffnung der Zentralbibliothek 1979 kann ein Flügel (Grotrian-Steinweg) in der Musikbibliothek zum eigenen Spielen und Üben genutzt werden. Damit wurde der Grundgedanke, dass man nicht nur zur Medienausleihe, sondern auch zum praktischen Musizieren in die Musikbibliothek kommt, schon früh umgesetzt. Inzwischen kann man zusätzlich vor Ort E-Piano, E-Gitarre, Akustikgitarre und Ukulele spielen, auch das elektronische Schlagzeug wird rege genutzt.

Ein noch relativ junges Angebot stellt die Ausleihe einer Vielzahl von Musikinstrumenten dar. Es ist Teil der »Bibliothek der Dinge« der Stadtbibliothek Köln.[2] Über 70 verschiedene Musikinstrumente sowie musikalisches Equipment, meist in Mehrfachexemplaren, machen Lust, Neuland zu erkunden, und können niedrigschwellig ausprobiert werden. Oft werden dabei Entdeckungen gemacht, die man zunächst gar nicht suchte. Die insgesamt über 260 Instrumente bieten eine abwechslungsreiche Mischung: neben allgemein bekannten Instrumenten wie Gitarre, Violine oder Keyboard finden

---

2 Überblick Bibliothek der Dinge der Stadtbibliothek Köln unter: https://www.stadt-koeln.de/leben-in-koeln/stadtbibliothek/mint/bibliothek-der-dinge [zuletzt: 24.01.2025].

sich auch weniger bekannte wie Saz, Psalter, Doumbek und Daf. Experimentelles und Elektronisches wie Korg-Synthesizer und Theremin sowie spielerische Instrumente wie Fußbodenklavier und Specdrums können auch entliehen werden. Lediglich auf Instrumente mit Mundstück wird aus hygienischen Gründen verzichtet sowie auf solche, die für den unkomplizierten Transport nach Hause ungeeignet sind. Die größten und schwersten Instrumente sind E-Gitarre mit Verstärker, Keyboard und Akkordeon. Technisches Equipment wie USB-Mikrofon, Aufnahmegerät und Mischpult ergänzen das Portfolio, um die musikalischen Fähigkeiten der Besucher:innen zu fördern. Die musikalische Bibliothek der Dinge richtet sich an alle Altersgruppen. Die Auswahl wird stetig erweitert, wobei auch Ideen und Vorschläge von Kund:innen mit einfließen. Sie gestalten die Angebote der Musikbibliothek ganz konkret mit und tragen damit zu deren Weiterentwicklung bei.[3]

Entleihbare Instrumente gibt es auch in den elf Stadtteilbibliotheken und an allen Standorten ist die Nachfrage extrem hoch. Sie werden zudem bei den bibliothekseigenen Veranstaltungen eingesetzt – so zum Beispiel bei den Bücherbabys und musikalischen Vorlesestunden oder bei Musik-Aktionstagen zum Ausprobieren und Kennenlernen. Der offene Zugang ist dabei sehr wichtig. Die Instrumente können unbürokratisch entdeckt, vor Ort auch ausprobiert und unkompliziert selbständig ausgeliehen werden. So ertönen über die Musiketage immer mal wieder die Klänge einer Cajón oder das sanfte Rauschen des Regenmachers.

Übrigens: Wer noch Schätzchen auf Schallplatte zu Hause hegt, aber längst keinen Plattenspieler mehr besitzt, kann diese eigenständig in der Musikbibliothek an der »Vinylbar« digitalisieren und für die Zukunft retten. Das gleiche Angebot besteht für Audiokassetten, VHS-Kassetten, Dias, Super8- und Normal8-Filme. Die Digitalisierungsstationen werden gerne und viel genutzt.

---

3   Musikbibliothek der Stadtbibliothek Köln. Überblick über die entleihbaren Instrumente am Ende der Seite: https://www.stadt-koeln.de/leben-in-koeln/stadt bibliothek/zentralbibliothek/musikbibliothek [zuletzt: 24.01.2025].

Best Practice: Veranstaltungen, Workshops und Kooperationen

Musik ist lebendig und Musik verbindet. Es werden keinerlei Vorkenntnisse benötigt, um sie zu genießen und zu erleben. Auch Anfänger:innen können auf vielfältige Weise am gemeinsamen Musizieren aktiv teilhaben. Die Musikbibliothek lebt Musik in Workshops, Veranstaltungen und offenen Angeboten. Und sie lebt auch durch das Engagement von Bürger:innen, die ihr Wissen gerne an andere weitergeben und gemeinsam mit anderen aktiv werden. So haben sich zum Beispiel die regelmäßig stattfindenden Ukulele-Workshops und Vinyl-DJ-Workshops zu absoluten Hits entwickelt – durchgeführt von Hobbymusiker:innen aus der gesamten Stadtgesellschaft. Der Bibliotheks-Chor »Kanti – ein Chor für alle« richtet sich an wirklich alle, die Lust haben, gemeinsamen zu singen. Die große Runde probt wöchentlich offen in der Bibliothek und gibt zu besonderen Anlässen auch kleine Konzerte im Haus. Kooperationen bieten spannende Möglichkeiten zur Vernetzung innerhalb der Kulturszene für attraktive Programme und An-

Abb. 2: »Ein Tag voll Musik – offener Aktionstag für die ganze Familie« in der Kölner Stadtbibliothek im November 2022

gebote. Regelmäßig finden beispielsweise gemeinsame Veranstaltungen mit der Kölner Philharmonie und der Oper Köln statt. Sie verbinden Konzert- und Opernaufführungen mit Einführungsgesprächen und -workshops und ermöglichen dadurch einen niedrigschwelligen Zugang zu klassischer Musik. Die anschließende Führung durch die Musikbibliothek stößt durchweg auf großes Interesse. Zudem bietet die Musikbibliothek Raum für Ausstellungen, zum Beispiel mit dem Musikarchiv NRW oder dem Kölner Festival Acht Brücken. Solche Kooperationen eröffnen immer auch die Chance, neues Publikum zu erreichen. Kölsche Mitsingkonzerte mit der bekannten Kölner Mitsinginitiative »Loss mer singe«, aber auch kleinere zwanglose Konzerte und musikalische Lesungen lokaler Künstler:innen laden zum Musikerleben ein – mitten in der Musikbibliothek.

Best Practice: Das Social-Media-Studio – Videos in Eigenregie aufnehmen und schneiden

Eine Ergänzung zur Musikbibliothek ist das Social Media Studio – ein Ort zur Video- und Audioproduktion mit eigener Schnitttechnik, der kostenlos gemietet werden kann. Ein eigens dafür eingerichteter Raum in der Zentralbibliothek steht allen zur Verfügung, die in geschützter Umgebung mit qualitativ hochwertigem Equipment professionelle Videos, beispielsweise für ihren YouTube-Kanal oder Instagram, aufnehmen wollen. Und natürlich besteht auch die Möglichkeit, reinen Audio-Content zum Beispiel für Podcasts zu produzieren. Flankierend werden in dem Studio neben Einführungen zur Aufnahme-Technik auch solche zum Thema Video- und Ton-Schnitt angeboten.

To be continued

Die Musikbibliothek ist ein Ort, der ungeplante Entdeckungen ermöglicht, Neugierde weckt und zum eigenen Tun anregt. Viele weitere Ideen warten nur darauf, dort voller Experimentierfreude realisiert zu werden.

Markus Stenger

Musica est in omnibus

Februar 2024, GASTGEB, Pfettrachgasse, Landshut: In der kleinen Stube des schiefen, spätmittelalterlichen Holzblockhauses, aufgereiht auf den wandlangen Bänken, sitzen 24 Menschen eng aneinander. Vor ihnen steht Veronika Schweikl, Tanzmeisterin und Musikpädagogin. Einige der Gäste haben Instrumente im Arm. Ich sehe eine Steirische Harmonika, eine Gitarre, im Nebenzimmer steht der Kontrabass, bereit für die Pausenpolka. Veronika Schweikl hat zusammen mit der Musikerin Lioba Degenfelder in dieses kleine Haus geladen, um eine *Volksgesangs-Jam-Session* abzuhalten. Die meisten Gäste sind mit stattlichen Begabungen beschenkt, einige davon sind Vollblutsänger und -musiker, zusammengespielt und gesungen haben sie in dieser Formation jedoch noch nicht. Veronika beginnt zu singen, die Ersten fallen ein, das Volkslied erweitert sich zum vielstimmigen Kanon. Ich singe nicht mit. Als Hausherr bin ich zur Sicherheit da und für die Bar und – aus Neugier. Nach den ersten drei Liedern merke ich eine Veränderung. Die Klänge kommen plötzlich von überall her. Das alte Holzhaus beginnt selbst zu klingen. Das Holz wurde vor 538 Jahren hohen voralpinen Lagen entnommen, nach Landshut geflößt, am Ländtor zerlegt und nahebei am jetzigen Standort raumbildend zusammengesetzt. Es hat eine Dichte, wie es sonst nur Hartholz hat. Die Jahresringe sind durch das langsame Wachstum eng, die Fichte ist vollkommen trocken. Holz mit dieser Güte verwendet man bis heute für die Decke des Resonanzkörpers von Geigen. Dieses kleine mittelalterliche Haus wird an diesem Abend selbst zum großen Resonanzkörper, wird zum Instrument, schwingt mit, singt mit. Und ich spüre diese Resonanz körperlich, und alle spüren sie, und wirklich jeder, auch ich, singt nun mit. Ich verstehe an diesem Tag, dass die wirkliche Volksmusik unseres Kulturkreises aus genau diesen kleinen, uralten, klingenden Räumen kommt.

Der Begriff »Musikort« verbindet zwei Merkmale. Musik als phänomenologisches, also sinnlich wahrnehmbares Ereignis, als

Abb. 3: Musikabend in der Gastgeb in Landshut

Hör-, aber auch Spürbares, wird in und mit diesem Begriff gleichzeitig verortet, mit Koordinaten versehen. Der Musikort tritt aus der
Beliebigkeit aller möglichen Orte heraus und bestimmt sich. Die mit
dieser Publikation betrachteten »Musikorte für alle« bezeichnen
also nicht-beliebige Orte für eine sinnliche Erscheinung. Orte, die
allen Menschen zugänglich sein können oder sollen, oder aber:
durch sie und in ihnen erst entstehen. Was aber macht eigentlich
einen Ort aus? Heute hören wir Musik, während wir uns in ständi-
ger Bewegung, in fließendem Ortswechsel befinden – zu Fuß mit
»noise-reduction-ear-plugs«, im Auto und im Flugzeug. Scheinbar
ist also der Genuss von Musik völlig ortsunabhängig möglich. Als
wäre eine Verbindung zwischen Hör-Erlebnis und definiertem Ort
des Erlebens überhaupt nicht notwendig.

»Wie hören wir uns zuerst?«, schreibt Ernst Bloch in seiner *Philosophie der Musik*. »Als endloses vor sich Hinsingen und im Tanz.
Diese beiden sind noch namenlos. Sie leben nicht an sich und niemand hat hier persönlich geformt. Sie besitzen, wo man sie vorfin-
det, den Reiz des ursprünglichen Anfangens«. Bloch beschreibt die
Erinnerung an das kindliche Erleben und Machen von Musik und
an den Tanz, der die Verortung der Musik durch uns, durch unsere

Bewegung im Raum ist. Tanz zur Musik als Einbeschreiben der Form in den Raum. Tanzen und Musik hören können wir nahezu überall, zahlreiche Zeugnisse aus frühester Menschheitsgeschichte belegen das. Die Geschichte unserer Entwicklung ist – die Geschichte eines Musikortes für alle. Der ursprüngliche Ort des Tanzes und der Musik lag unter Sonne und Mond, war unbedeckt und stand in freier Witterung. Die homerische Überlieferung des Minoischen Labyrinth-Tanzes ist hierfür ein uralter Beleg. Als Kretisches Labyrinth bekannt, wurde der jugendliche Balztanz auf den mit Steinen eingefassten Dreschplätzen der Dörfer ausgetragen, da diese oft die einzigen ebenen Plätze waren. Jungfrauen und junge Männer bildeten dabei zwei Tanzgruppen und zeichneten mit ihren Schritten ein Labyrinth aus parallelen Bögen auf den Platz – ganz nebenbei begründeten sie so den Mythos des Minotaurus.

Der Tanz und das Musikmachen unter freiem Himmel, auf einem Platz, um ein Feuer herum, umringt vom oft ununterscheidbar mitwirkenden Publikum wurde im antiken Griechenland um das Schauspiel erweitert. Der Musikort des griechischen Theaters war noch eingebettet in eine großartige Landschaftskulisse. Die geschlossene *Skene* der Römer, den abschirmenden, mehreren Hinterbühnen-Funktionen dienenden, schmalen Baukörper, gab es noch nicht. Für das Publikum war die Bühne und die *Skene* noch Teil der Szenerie der umgebenden Landschaft. Die hinter der Bühne liegende Welt war selbst eine großartige Inszenierung, nicht zufällig sieht man in der Ferne heilige Berge oder das Meer, sie wurden oft thematisch in die Darbietungen integriert. In Taormina auf Sizilien blickt man als Zuschauer und Zuhörer im Hintergrund auf den vergöttlichten Ätna, in Epidauros auf dem Peloponnes erkennt man in der Ferne den Berg Arachneo, von dessen Gipfel das Leuchtfeuer, das den Sieg über Troja verkündete, nach Mykene leuchtete. Mit den Römern wurde Architektur als Mittel der Ordnung von Gesellschaft und Kultur zunehmend zu einem Werkzeug der Abgrenzung. Die aus dem dörflichen Dreschplatz entstandene offene Agora der Griechen, mit säulenbestandener Stoa, die den Platz weniger begrenzte, als dass sie ihn akzentuierte und zur Bühne erklärte, wurde bei den Römern zu einem mit einer hohen Umfassungsmauer begrenzten Forum. Die Abgrenzung von künstlerischen Darbietungen durch architektonische Mittel führte in den folgenden Jahrhunderten ebenso rasch zur Weiterentwicklung und Spezialisierung der Darbietungsformen von Musik, Tanz und Theater.

Die diesen Erscheinungen dienende Architektur findet heute ihre Antwort in meist völlig abgeschlossenen, kunstvoll-künstlichen Umgebungen, um die Darbietung in allen künstlerischen Facetten so geschliffen, so ausgefeilt, so angemessen wie möglich zu garantieren und sie perfekt in Szene zu setzen. Irgendwann im Laufe dieser Entwicklung entkörperte sich die Musik. Sie wurde ephemer, ätherisch, binär, ihr Analoges wurde zum Digitalen. Sie wurde im Radio, Fernsehen, Film und Internet transportabel und damit ortlos. Sie befreite sich damit auch vom Ort ihrer Entstehung. Im Ergebnis ist heute nahezu jedes Liedgut weltweit abrufbar. Was dabei auf der Strecke geblieben ist: die Erinnerungsfähigkeit. Wenn Ernst Bloch fragt: »Wie hören wir uns zuerst?«, müssen wir uns, um antworten zu können, erinnern. Um uns erinnern zu können, brauchen wir Bilder aus der Vergangenheit, die einen Ortsbezug herstellen. Bilder mit Menschen, Gebäuden, Bühnen, Plätzen, Räumen, Natur. In der Kombination werden diese Komponenten zur Erinnerung an einen Musikort.

Oktober 2024, Atelier Iris Nitzl, Oberndorf bei Landshut: Die Hausherrin lädt Freunde ein zu einem Hauskonzert. Bruder und Schwägerin spielen vierhändig am Klavier *Die Moldau* von Smetana. Philipp Nitzl danach allein von Gershwin die *Preludes* Nr. 1 und 3. Der schottische Folksänger John, ein Freund der Familie, singt und spielt in seiner Landessprache Volkslieder und lädt die Zuhörer zum gemeinsamen Refrain ein. Sylvia Strasser von Sylvenklang erzeugt mit ihrer vielseitigen Stimme, mit Frauenbass und Beatboxing, auf ihrer Loopmachine sphärische Klangerlebnisse. Iris Maria Nitzl, klassisch ausgebildete Sängerin und Gesangslehrerin singt von Händel, »V'adoro Pupille« aus *Julio Cesare*, die Arie der Cleopatra und »Lascia ch'io pianga« aus *Rinaldo*. Ich lese Passagen aus meinem Buch *Heimaterde* vor, Claudia Hahn schafft ein »retardare« mit einer gesprochenen fünfminütigen Meditation. Die Gäste treten mehrmals und abwechselnd vor die Zuhörer. Die Reihenfolge bestimmt das Los. Der Ort ist an diesem Abend genau diese Ansamm-

lung kreativer, empathischer, aufnahmebereiter Menschen. Kein
Publikum in Distanz zu den darstellenden Künstlern, eher: miteinander verbunden. Musik eint diese Gruppe, ist Anlass und wird im
Verlauf des Abends auch: Zeit. Das Atelier, dessen Raumgrenzen
durch die gestapelten, aufgereihten großformatigen Bilder der Ma-
lerin verschwimmen, nicht mehr fassbar sind, dessen Licht ge-
dimmt wird während der Darbietungen, löst sich auf in Bilderwel-
ten, aber die Gesichter bleiben. Der definierte, objektive Raum
verschwindet, und viele Räume bilden sich in den Köpfen der Gäste.
Der Musikort, ein Ort vieler Formen von Musik, als Sprache, Gesang, über Instrument oder Technik, wird hier durch die Menschen
gebildet, die sich noch lange daran erinnern.

2024 BERGSON: Ich stehe im Atrium dieses neuen Gravitationszen-
trums für die Kunst, die Stadt, die Peripherie, im ehemaligen Kessel-
haus des neuen BERGSON Kunstkraftwerks, im Münchner Stadtteil
Aubing. Vor den mit Schwarzstahl bekleideten, in den Raum ein-
gestellten, riesigen Funktionskörpern, vor der breiten Schautreppe,
die wie auf einer römischen Piazza zum Sitzen einlädt. Der Raum
ist voller Menschen, Farben, Klänge. Das Atrium im BERGSON wird
überspannt von einer kassettierten Stahlbetondecke, deren Lastver-
lauf im ersten Moment unklar bleibt. Wie beim Netz der Gurtge-
rippe gotischer Kathedralen scheint es so, als schwebe die tonnen-
schwere Decke über den Köpfen. Nicht zum ersten Mal frage ich
mich in diesem Raum, der so hoch ist, wie die Rotunde des Pan-
theons in Rom, was wir Architekten denn hier drin überhaupt gemacht haben. Es war ja alles bereits da. Der Raum war da. Dieser
gewaltige Raum, Zeugnis von industrieller Funktionsarchitektur,
entworfen an der Schwelle zwischen Historismus und Moderne,
aus einer Zeit, in der Ingenieurskunst und Architektur noch im
Gleichschritt versuchten, Erhabenheit mit baulichen Mitteln zu
transportieren und dabei die vorgegebene Funktion zu gewährleisten. Außen spannt sich eine repräsentative Haut aus Sichtziegeln
um die Stahlbeton-Skelettkonstruktion. Mit dem angedeuteten Sty-
lobaten, dem monumentalen Traufgesims und den riesigen Back-
steinpilastern an einen gigantischen Tempel erinnernd, verherrlicht
die Fassade die ehemalige Einrichtung zur Energieerzeugung mit

architektonischen Mitteln. Der davon eingefasste Raum ist monumental, jeder Besucher wirft beim Eintreten unaufgefordert den Kopf tief in den Nacken, denkt dabei an Kirchenräume, an große Museen, an Stadtplätze, die Überhöhung des Raums erzeugt sofort Potenzialraum im Kopf. Die architektonische Intervention wird hier zur Regieführung mit den Mitteln kleiner Infrastrukturen. Brücken, Stege, Wendeltreppen, Fluchttreppen, der gläserne Aufzug, die Balkone und vorgelagerten Galerien – alles ist angelegt, um den Besucher an Orte zu führen, die man während Entwurf und Planung als wert befunden hatte, begangen und wahrgenommen zu werden oder von dort zu sehen und zu hören – oder gesehen und gehört zu werden!

Am Abend, als das Atrium in Nutzung genommen und als erster fertiger Gebäudeteil des BERGSON Ensembles eröffnet wurde, besetzte Roman Sladeks *Jazzrausch Bigband*, musikalischen Freischärlern gleich wichtige Schaltstellen in diesem Raum. Es wurde eine fantastische Eigenkomposition dargeboten, *Bergson's Rise*, ein »immersives Partykonzert«, nicht weniger als die akustisch wahrnehmbare Genese dieses Ortes. Der Musikort entstand an diesem Abend, indem er mit musikalischen Mitteln erstmals erzählt wurde. Die fast unhörbar hohen Töne der geschützten, am Haus siedelnden, den Umbau beeinflussenden Mopsfledermaus, die Raves der Berliner DJs, die bereits vor einigen Jahren den Lost Place ausfüllten, das Tropfen immer schon eindringenden Wassers, alles wurde zu einem hör- und wahrnehmbaren Verbund aus Raum und Zeit. Ein Musikort an einem ehemaligen Unort.

Eine Szenerie ist mir dabei ganz besonders in Erinnerung geblieben: Auf einem einfachen Stahlsteg, von uns Architekten nur als »shortcut« für dienstbare Geister gedacht, direkt vor der meterhoch aufgehenden, rohen Ziegelwand im Hintergrund, stand auf 10 Metern Höhe ein Trompeter. Ein Lichtkegel schälte ihn aus dem Halbdunkel. Er begann seine *solo performance*, und es entstand in mir ein Bild von Musical, New York, Hinterhof und Seitenstraße und von Hochhäusern der goldenen Zwanziger. Gefolgt vom unbeschreiblichen Glücksgefühl des Architekten im Licht der Tatsache, dass der Mensch »seinen« Ort bespielt, auf eine Art, die er selbst sich so überhaupt noch nicht erdacht hat. Freies Spiel. Immersive

Abb. 4:
Atrium im Bergson

Bespielung von Raum mit Musik. Durchwandern von Tönen, Klängen und deren Erzeugern, parallel dazu ein umherwogendes Publikum, selbst in Bewegung, nicht nur auf der Ebene, sondern über die zahlreichen Treppen auch in der Vertikale. Ein Rausch, ein im wahrsten Wortsinn unfassbarer, mit Lichtstimmungen unterstützter, sich in Auflösung befindlicher Weltraum entwickelte sich an diesem Abend, in den Ohren und im Kopf. War das überhaupt noch ein Ort? Oder schon aufgelöstes Sein in der Musik?

Im Oktober 2024 folgte die Eröffnung des Elektra Tonquartiers im BERGSON. Der Konzertsaal des BERGSON war als rein klassischer Konzertsaal konzipiert und entworfen, bis zu dem Tag an dem Roman Sladek, der neue künstlerische Leiter des BERGSON, das Tor zur Welt aufstieß. Weg von der Monothematik hin zu einem genreoffenen Musikerlebnis sollte es nun gehen, ein Erlebnis, das alle Stile und Richtungen, alle möglichen performativen Arten einbeziehen würde, vom Techno über die Klassik zu Jazz und Rock und allen weiteren. Mit dieser Richtungsentscheidung konnte die wirtschaftlich-nachhaltige Vollauslastung des Saals erst Wirklichkeit werden. Diese »eierlegende Wollmilchsau« konnte nun aber nicht mehr mit architektonischen Mitteln umgesetzt werden. Architektur erreicht hier die Grenze des Machbaren. Das bauliche Ziel war es nun, in dieser »musicbox« eine trockene Grundakustik sicherzustellen, um es dem additiv aufgesetzten, elektronischen *Vivace System* von MüllerBBM zu ermöglichen, daraus jede mögliche Raumkonfiguration über 24 Mikrofone sowie die daran angeschlossenen Hochleistungsrechner und 80 Lautsprecher zu simulieren.

Die interessante Frage dabei war: Wird die Architektur in dieser Box, in dieser Welt des perfekten Musikerlebens überhaupt noch notwendig? Oder reduziert sie sich auf das bloße Ermöglichen der geforderten Voraussetzung. Die heute im Tonquartier sichtbare Gliederung der Wände und der Decke, der Holzbelag, die schwarz lasierten Echtholzwände sind für den Musikgenuss verzichtbar. Der Einsatz von unterstützenden Medien wie Licht und Nebel zeigt allerdings wiederum Potenziale, die Qualitäten der Raumbegrenzungen dort in die Inszenierung zurückzuholen. Zusammen mit der während mancher Konzerte gegebenen Aufforderung, aufzustehen und die zur Verfügung stehende Fläche als Mikrotanzfläche zu benutzen, »verkörperlichen« sie damit die Klangwelten. Auch wenn die ersten *Vivace*-Konzerte bereits gezeigt haben, dass man hier erst am Beginn der gegebenen Möglichkeiten steht, auch wenn jetzt erst begonnen wird, mit dem elektronischen Kontext zu völlig neuen Kompositionen zu finden, so braucht dieser perfekte Container für Musik ein umgebendes Raum- und Funktionsensemble: einen Musikort. Das kann ein angeschlossenes, dichtes Stadtviertel sein, ein nebenliegendes, polyfunktionales Gebäude, dessen Ergänzung er darstellt, oder, wie am BERGSON, die Einbindung in ein synergetisch wirkendes Gravitationsfeld anliegender Raumpotenziale, deren Nutzung eine Vielzahl von Sinnen anspricht. Dieser neue Konzertsaal für 476 Menschen braucht außerhalb seiner simulierten Perfektion eben doch einen nicht-ephemeren, einen mit allen Sin-

Abb. 5: Elektra Tonquartier im Bergson

nen wahrnehmbaren, patinierten Kontext, der Geschichten trägt
und aufnimmt und Bilder erzeugt. So kommt die Kunst mit der
Architektur möglicherweise am Ende wieder zu einer Gesamtkomposition, indem man die Räume und ihre Potenziale als großes Ein-
hängeregal für die stets wandelbare Kunst begreift. Denn Architektur ist in diesem Sinne eben nicht: Kunst.

In einer Zeit, die in unserem Kulturkreis das Ende der Aufklärung
markiert, erkennen wir: Die gewohnte Ordnung ist in Auflösung.
Dies betrifft Genregrenzen in der Musik genauso wie Funktions-
und Raumgrenzen in der Architektur. Der Bogen der Überspeziali-
sierung mit Mitteln der Technik ist überspannt. Hoch spezialisierte
Gebäude wie die Elbphilharmonie in Hamburg haben die Geschichte der klassischen Musikwahrnehmung auserzählt. Der noch
mögliche Grad der Verbesserung ist für den Großteil aller Konzertbesucher nicht mehr spürbar, der Aufwand hierfür steht in keinem
Verhältnis zu gesellschaftlichen Realitäten. Wir spüren es: Kreative
verlassen zunehmend Konventionen, um am kulturellen Mischpult
Stile und Genres zu vermengen. Nicht als additiver Eklektizismus,
nicht als zitierender Historismus, sondern als kritische und kreative

Reflexion der gesamten Geschichte des Kulturschaffens. Menschen gelangen heute digital bereits an jeden Ort der Welt. Jeder Sinn kann heute Permutationen von Erscheinungen genießen, die ihre Begrenzung ausschließlich in der Größe des individuellen Geldbeutels finden. Wir essen international, wir hören aktuelle Weltmusik, wir betrachten Bilderfluten aus allen Winkeln der Galaxie. Was wir übersehen, ist die damit einhergehende Vereinzelung. Mikro-Medien wie Earplugs mit höchster Tonqualität, Smartphones, VR-Brillen, Smartwatches, klimatisierte Fahrzeugcockpits mit Sitzheizung und Surround-Anlage markieren keine Musikorte. Sie simulieren sie hoch individuell.

Die große Aufgabe wird nun sein, sich der Verführung der perfekten Simulation entgegenzustellen. Auratische Architektur, Patina, kontrastierende Räume in ehemaligen »Lost Places«, Umnutzungen, Orte mit Geschichte und Geschichten können der bloßen Simulation einen Wert beistellen, der als haptischer Wert im Wortsinn begreifbar ist und unmittelbar danach zum Erinnerungswert wird.

Die immer noch große und groß bleibende Zahl an außer Funktion geratenen, obsoleten Gebäuden wird es uns ermöglichen, der digitalen Simulation die Realität von »rusty spaces« entgegenzusetzen. Genau das macht die Faszination der rauen Berliner Clubkultur rund um das Berghain, das Potenzial der Zeche Zollverein, die Ausstrahlung der Tate Modern und eben die Einzigartigkeit des BERGSON Kunstkraftwerks aus, das als Tor in die Metropolregion Münchens ganz nebenbei privat finanzierte Stadtreparatur betreibt. Denn auch das wird zukünftig Realität sein: die Notwendigkeit privatwirtschaftlichen Engagements zur gewinnbringenden Kunstdarbietung. Nicht als Mäzenatentum, denn Kunst darf nicht umsonst sein. Mit dem bereits jetzt unübersehbaren Wegfall öffentlicher Förderungen in der Zukunft und dem fehlenden Investment in den Kunst- und Kulturbetrieb wird es an allen Teilen der Gesellschaft liegen, für Kunst ausreichend zu bezahlen. Ob als privater Investor und Kurator oder als zahlender Besucher.

Musik entsteht in dem Moment in dem Menschen sich zusammenfinden. Sie kommt seit Anbeginn unserer Zeit aus der Mitte der versammelten Menschen, aus der Mitte der Gesellschaft. Ihre Geschichte beginnt am Feuer, in der Gruppe, im Nomadischen, ohne festen Ort und ohne gebaute Räume. Sie findet aber mit Beginn der Sesshaftigkeit, mit der Technik und dem Bauen, mit Plätzen, Bühnen, Rängen, Räumen und Häusern für Musik, Zugang und Mittel zu einer Vielzahl von Ausdrucksformen. Musikerlebnis kann ortsungebunden erfolgen. Die nachhaltige Erinnerung daran braucht aber auch »erinnerungsfähige« Orte. Musikorte, die mehr sind als Container für perfekten Musikgenuss. Musik ohne Erinnerung bleibt nur eine physikalische Erscheinung. Perzeption und nachfolgende Rezeption sind der Schlüssel zur Erinnerung. Spürt man Musik körperlich in den Bässen, bewegt man sich dazu oder danach im Raum, genießt man dazu ein gutes Essen, führt Gespräche, dann wird man sich an diesen Ort erinnern. Musikorte als Orte der Erinnerung bilden sich, weil sie Einfluss nehmen auf den Menschen. Weil sie wahrnehmbar sind. Nach dem Musikgenuss im BERGSON Kunstkraftwerk wird man anderen erzählen, man sei im BERGSON gewesen, um Musik zu hören – weil das BERGSON ein Ort ist und nicht nur ein Konzertsaal. Wir brauchen ein Mehr an greifbarer Erinnerung an die Welt. Dafür brauchen wir sie, diese Musikorte für alle.

Sara Arnsteiner-Simonischek

Musik für alle

Wie digitale und virtuelle Räume neue Zugänge zur klassischen Musik schaffen

»Musik für alle« ist für das Konzerthaus Berlin und sein Orchester weit mehr als nur eine leere Phrase. Seit vielen Jahren ist dieses Ziel fest in unsere Philosophie und tägliche Praxis integriert. Unser zentrales Anliegen ist es, allen interessierten Menschen vielfältige Zugänge zur klassischen Musik zu ermöglichen und eine breite kulturelle Teilhabe unabhängig von sozialer oder ethnischer Herkunft zu fördern. In diesem Sinne werden seit Jahren immer wieder neue Formate entwickelt. Dazu zählen unter anderem moderierte öffentliche Proben oder das Konzertformat »Mittendrin«, bei dem das Publikum ausnahmsweise nicht im Auditorium, sondern auf der Bühne zwischen dem Orchester Platz nimmt. Ein weiteres neues Format des Konzerthauses Berlin, das aus der »klassischen« Reihe tanzt, sind unsere Night Sessions. Hier öffnen wir bewusst den Rahmen der klassischen Musik, um Genregrenzen zu überwinden und gemeinsam mit Gästen aus anderen Disziplinen spannende Themen zu erkunden. Für diese interdisziplinären Abende, die unsere Chefdirigentin Joana Mallwitz persönlich moderiert und an denen unser Orchester vielseitige, oft selten gehörte und/oder zeitgenössische Musik spielt, wird auch die Bühne im großen Saal auf ungewöhnliche Weise inszeniert.

Die Öffnung zur Digitalisierung und neuen Formaten

Neben der Öffnung des Programms durch die Entwicklung von nahbaren Formaten, die diverse Zielgruppen in den Blick nehmen, setzen wir auf die kontinuierliche Suche nach Wegen, um neue virtuelle und digitale Räume für die Musikvermittlung zu nutzen. Darin sehen wir die Chance, unsere kulturellen Angebote auch einem breiteren Publikum und insbesondere jüngeren Menschen zugänglich zu machen. Wir denken, dass es in Zukunft immer wichtiger wird anzuerkennen, wie stark die Digitalisierung alle Lebensbereiche beeinflusst und auch die Art und Weise, wie Kunst und Musik konsumiert werden, verändert. Um auf diese Entwicklungen zu reagieren, sind Technologien wie Augmented Reality (AR) und Virtual Reality (VR) in den letzten Jahren zu bedeutenden Instrumenten geworden, um die Vermittlung von Kultur und Musik neu zu gestalten. Besonders für jüngere, kulturfernere und sozial benachteiligte Bevölkerungsgruppen bietet die Digitalisierung eine große Chance, da sie den Zugang zu Wissen und kulturellen Inhalten erleichtert und demokratisiert. Die digitale und virtuelle Kulturvermittlung hat das Potenzial, neue Zugänge zu schaffen, Teilhabe zu ermöglichen und das Musikerlebnis interaktiv zu erweitern. Lineare Vermittlungsansätze werden aufgebrochen und um Elemente wie Immersion, Interaktion und Partizipation ergänzt. Techniken wie AR und VR sind weitestgehend mobil und tragen somit unabhängig von dem Ort, an welchem sie genutzt werden, erheblich zur kulturellen Teilhabe bei. Anstatt Menschen im digitalen Raum zu isolieren, eröffnet sich durch diese Technologie die Möglichkeit, soziale und kulturelle Barrieren zu überwinden und eine tiefergehende Verbindung zur realen Welt zu schaffen.

Die Musik selbst hat sich durch die Technologisierung in den letzten Jahrzehnten stark gewandelt. Sie ist allgegenwärtig geworden, unmittelbar verfügbar und unabhängig von Raum und Zeit. Diese Entwicklung stellt die Klassikbranche vor Herausforderungen, bietet aber auch immense Chancen. Konzerthäuser dürfen und müssen darum aus unserer Sicht keine Scheu vor diesen neuen Rezeptionsgewohnheiten haben. Das Konzerthaus Berlin war eine der ersten Klassik-Institutionen in Deutschland, die den Schritt in die virtuelle und digitale Welt gewagt hat. Seit August 2016 entwickeln wir gemeinsam mit der Hochschule für Technik und Wirtschaft (HTW) Berlin innovative Vermittlungskonzepte, um klassische Musik mittels neuer Technologien erlebbar zu machen. Im Mittelpunkt stehen dabei das Eintauchen in virtuelle Welten mittels VR, die Erweiterung der Realität durch AR sowie das Erschließen von digitalen Räumen. Ziel all dieser Projekte ist es, Menschen den Zugang zur klassischen Musik spielerisch und ohne Vorbedingungen zu ermöglichen. Dabei ist es jedoch entscheidend, dass die digitalen Angebote nicht als Ersatz für das Live-Erlebnis missverstanden werden. Die Einzigartigkeit eines realen Konzerts lässt sich durch keine VR-Brille, kein Smartphone und keinen Live-Stream nachbilden. Das Konzert als solches auf der Bühne des Konzerthauses bleibt das Herzstück unseres kulturellen Schaffens – und das soll auch so bleiben. Gerade in Zeiten der Coronapandemie konnten wir alle erleben, wie sehr dieses Live-Erlebnis auch weiterhin als einzigartig geschätzt wird.

Im Konzerthaus Berlin betrachten wir die digitale Musikvermittlung als einen integralen Bestandteil unserer Gesamtprogrammatik. Um sicherzustellen, dass unser Vermittlungskonzept greift, muss der Zugang zu digitalen Räumen oder zur notwendigen Technik möglichst niedrigschwellig und unmittelbar sein. Im Folgenden möchte ich einige diesbezügliche Beispiele vorstellen: Während der Coronapandemie, die viele Kulturbetriebe vor beispiellose Herausforderungen stellte, war es uns ein besonderes Anliegen, trotz der vorübergehenden Unmöglichkeit physischer Konzerte mit unserem Publikum in Kontakt zu bleiben. Unter dem Hashtag *#konzertZUhaus* wurden auf unseren Online-Kanälen regelmäßig Inhalte wie Konzertformate, Playlists, Kinderprogramme zum Mitmachen, virtuelle Führungen und sogar Telefonkonzerte angeboten. So konnten wir nicht nur unser bestehendes Publikum erreichen, sondern darüber hinaus auch neue Zielgruppen ansprechen.

In dieser Zeit fand auch das Projekt *Spielzeit* auf twitch.tv seinen Anfang, das wir für jüngere Menschen und Bevölkerungsgruppen, die wir mit unseren Konzerten bisher noch nicht erreichen konnten, eingerichtet haben. Deutschland ist mit knapp 17 Millionen aktiven Nutzer:innen der zweitgrößte Markt der Live-Streaming Plattform twitch.tv. Millionen Menschen, durchschnittlich im Alter von 18 bis 34 Jahren, verbringen etwa 100 Minuten täglich mit den dort gebotenen Inhalten. Diese Reichweite haben wir genutzt, um neue Formen der Musikvermittlung zu erproben und das Interesse an klassischer Musik auf eine Weise zu wecken, die authentisch, interaktiv und unterhaltsam ist. Wir begannen einmal pro Monat mit Musiker:innen des Konzerthausorchesters live und direkt aus dem Konzerthaus zu streamen. Die Streams von jeweils ungefähr

Abb. 6: Konzerthaus Berlin auf Twitch

zwei Stunden beinhalten seither neben Live-Musik auch Einblicke in das Leben von Profi-Musiker:innen und/oder den Orchesterall-tag. Durch Gamification-Elemente wie Wettbewerbe, Quizze und Abstimmungen konnten wir uns schnell an die twitch-Welt anpas-sen und Wissen und Einblicke in klassische Musik spielerisch ver-mitteln. Mittels direkter und authentischer Kommunikation mit der Community über Live-Chats während der Streams testeten wir dabei, ob und wie es möglich ist, Hochkultur im Gaming-Kontext zugänglich zu machen. Dank der großen Community und den ge-ringen Teilnahmebarrieren erreichten wir auf dieser Plattform eine Vielzahl von Menschen, die sich bis dahin nicht mit klassischer Musik auseinandergesetzt hatten. Insgesamt erzielten wir bisher 1,75 Millionen Aufrufe. Bis heute dürfen wir uns pro Stream über 3.000–9.000 Live-Zuseher:innen freuen und haben bereits über 4.000 Follower nachhaltig für unser Profil auf twitch.tv generiert. Dies zeigt, wie wichtig es ist, traditionelle Barrieren zu durchbre-chen, sich in digitale Räume vorzuwagen und dranzubleiben.

Digitale Projekte zur Musikvermittlung: Mixed, Virtual und Augmented Reality

Neben der Erkundung digitaler Räume wie twitch.tv setzt sich das Konzerthaus auch intensiv mit neuen Technologien auseinander, um diese für die Vermittlung klassischer Musik zu nutzen, zum Beispiel mit der interaktiven VR-Komposition *Umwelten*. Mit dieser präsentierte das Konzerthaus Berlin zeitgenössische Musik in einer experimentellen und individuell erfahrbaren Weise. Die VR-Anwendung ermöglichte den Besucher:innen eine immersive und interaktive Klangerfahrung im digitalen Raum – gleich einer begehbaren Partitur. Umgeben von rund 200 fantastischen Gewächsen und Wesen konnten sie ihre eigene klingende Welt kreieren. Die Pflanzen reagierten auf Interaktionen von außen – verformten sich, wurden kleiner oder veränderten ihre Farbe und ihren Klang. Über 500 Tonspuren sind in *Umwelten* eingebunden, die mit rund 60 verschiedenen Interaktionsmöglichkeiten entdeckt und ausgelöst werden können. Damit gleicht kein Besuch dem anderen: Jede Interaktion hinterlässt unerwartete hör- und sichtbare Spuren im virtuellen Gelände, nichts bleibt ohne Folgen. *Umwelten* schaffte so an der Schnittstelle zwischen visueller Kunst und Musik eine neuartige Möglichkeit, zeitgenössische Musik interaktiv zu erleben. Um diese Klänge und Designs so vielen Menschen wie möglich zugänglich zu machen – vor allem als das Konzerthaus in der Pandemiezeit geschlossen war –, wurde die Anwendung in Augmented Reality adaptiert und konnte dadurch auf Tablet und Smartphone ausprobiert werden. Als Spiel angelegt lassen sich 30 Wesen in verschiedenen Portalen aufstöbern. Durch Antippen können User:innen sie zum Klingen bringen und vielseitig miteinander kombinieren, wodurch jeweils eine individuelle eigene Komposition entsteht, die anschließend auch aufgenommen und geteilt werden kann.

Es steht außerdem eine 360°-Konzertinstallation zur Verfügung, die es Besucher:innen mithilfe einer VR-Brille ermöglicht, mitten im Orchester zu sitzen und das Konzerthausorchester Berlin während des Spielens zu erleben. Dabei ändert sich die Perspektive, sobald sich die/der Nutzer:in dreht, sodass ein vollständiges und immersives Konzerterlebnis entsteht. Zudem sind die Nutzer:innen aktiv in die Szenerie eingebunden. Neben den Sprüngen zwischen den vier Kamerapositionen, die sie selbst wählen können, bieten zusätzliche Plus-Buttons weitere Informationen zum Werk und zum Saal. Diese VR-Installation hat nicht nur Musikliebhaber:innen, sondern auch viele internationale Tourist:innen begeistert, die tagsüber das Konzerthaus besuchten.

Digitale Ausstellungen im Konzerthaus

Die *Virtuelle Tour* durch das Konzerthaus bietet Besucher:innen die Gelegenheit, fast alle Säle des Hauses detailliert zu erkunden, von denen manche sonst aufgrund der dichten Saalbuchungen unzugänglich bleiben würden. Besucher:innen haben die Chance, nicht nur die Außenfassade des Gebäudes, sondern auch fünf verschiedene Säle fotorealistisch zu erkunden. Dabei vermitteln kleine Textfelder weiterführende Informationen zur Architektur und zur Geschichte der Räumlichkeiten. Diese detailreiche Darstellung der Innenräume erlaubt es, das Konzerthaus virtuell zu erleben, ohne physisch vor Ort sein zu müssen, was insbesondere für internationale oder weit entfernte Besucher:innen von großem Vorteil ist.

All diese digitalen Projekte sind nur durch Förderungen und Sponsoren realisierbar, da sie weit über das reguläre Programm hinausgehen. Kulturinstitutionen wie das Konzerthaus Berlin sind darauf angewiesen, dass langjährige Förderungen den nachhaltigen Aufbau und die Fortführung solcher Strukturen ermöglichen. In den letzten Jahren sind die Fördermöglichkeiten für digitale Vermittlungsprojekte im Kulturbereich jedoch spürbar zurückgegangen. Die Begeisterung, die während der Coronapandemie für digitale Innovationen vielerorts herrschte, hat sich mittlerweile abgeschwächt. In Zukunft ist jedoch zu erwarten, dass diese, in Kombination mit neuen Möglichkeiten durch Künstlichen Intelligenz (KI), weiterhin an Bedeutung gewinnen und abermals wachsen wird. KI hat das Potenzial, viele Aspekte der Kunst und Kultur weiter zu revolutionieren. Kulturinstitutionen sollten sich darauf vorbereiten, ihr Know-how in Fragen digitaler Technologie auf- und nicht abzubauen. Hybride Konzerterlebnisse und die Verschmelzung von Live- und digitalen Elementen, die es ermöglichen, inter-

Abb. 7: Virtuelle Tour durchs Konzerthaus Berlin

aktive Konzerterlebnisse zu schaffen, könnten in Zukunft eine immer wichtigere Rolle spielen. Künstliche Intelligenz könnte hierbei hybride Konzertformate unterstützen, bei denen Live- und digitale Elemente auf innovative Weise miteinander verschmelzen. Der Einsatz von KI könnte die Barrierefreiheit im Bereich der klassischen Musik entscheidend verbessern – sowohl für Konzertbesucher:innen als auch für Musiker:innen mit besonderen Bedürfnissen. KI-gestützte Sprachverarbeitung könnte es ermöglichen, Konzerte in Echtzeit mit grafischen und textlichen Inhalten zu bereichern, was vor allem Menschen mit Hörbehinderungen zugutekäme. Ebenso könnte KI detaillierte Audiobeschreibungen visueller Elemente liefern, vor allem im Musiktheaterbereich, sodass auch blinde oder sehbehinderte Menschen teilhaben könnten. Basierend auf den individuellen Bedürfnissen des Nutzers könnten personalisierte Hörhilfen den Klang anpassen und so das Musikerlebnis verbessern. Ein weiteres denkbares Einsatzfeld von KI sind auch prädiktive Analysen, die helfen könnten, Trends zu identifizieren und vorherzusagen. Schließlich kann KI auch das Kauferlebnis erheblich verbessern, indem die Platzauswahl im Online-Shop durch spezifische, auf Platz und Werk abgestimmte Hörproben ergänzt wird. All diese Entwicklungen sind für den Kulturbereich wichtig. Künstliche Intelligenz wird als mächtiges Werkzeug dienen, um die Reichweite und das Erlebnis von klassischer Musik zu erweitern und so mehr Menschen an Kultur teilhaben zu lassen.

Trotz dieser technischen Neuerungen wird das Herzstück der klassischen Musik aber immer in der menschlichen Kreativität und im emotionalen Ausdruck verankert sein. Der Wunsch nach einer tieferen und authentischen Auseinandersetzung mit der Musik an realen physischen Orten in Gemeinschaft mit anderen Menschen bleibt bestehen. Die Herausforderung für die Zukunft liegt darin, die Technologien zu nutzen, um Barrieren abzubauen und Zugänge zu schaffen, ohne dabei das authentische Live-Erlebnis zu ersetzen. So kann Musik wirklich für alle zugänglich sein und bleiben – ein Raum, in dem Vergangenheit, Gegenwart und Zukunft aufeinandertreffen.

Jens S. Dangschat

Musikorte – wirklich für alle?

Einleitung

Kunst ist immer Ausdruck einer gemeinsamen Kultur und eines Zeitgeistes zugleich, ist also zum einen an eine Region im weitesten Sinne gebunden, verändert sich zum anderen auch im zeitlichen Verlauf. Die Musikkultur des europäischen Westens unterscheidet sich von der des arabischen Raumes, die wiederum ganz anders ist als jene aus Ostasien. Dennoch wird klassische Musik aus Europa insbesondere in Japan und Korea zumindest in bildungsbürgerlichen Kreisen gerne gehört und gespielt.

Die Überwindung zeitlicher und räumlicher Grenzen wird durch Medien wie Radio, Film, Fernsehen und Video, vor allem aber durch transportable Tonträger und Streaming-Dienste zunehmend internationalisiert. Seit etwa den 1980er Jahren wird allgemein Kultur und insbesondere Musik auch als ein globalisierendes Instrument verstanden, indem der Musikgeschmack in entfernte Räume und Lebenswelten exportiert wird. Musik kann daher auch als ein übergreifendes Element angesehen werden. Kann sie aber trotz der zeitlichen, räumlichen und sozialen Begrenztheit ihres Entstehens eine integrierende Funktion über die jeweiligen Grenzen hinweg haben? »Musik für alle« eben?

Das Potenzial unendlicher Möglichkeiten der Musik wird jedoch sehr unterschiedlich »konsumiert« – so unterscheiden sich auf nationaler Ebene die Bildungs- und Altersgruppen (beispielsweise entlang der traditionellen Grenzen von klassischer und Populärmusik) (Reuband 2003). Insbesondere unter Jugendlichen und jungen Erwachsenen wird der Musikgeschmack zudem als hartes Distinktionsmerkmal genutzt, um soziale Milieus und Lebensstile als Szenen demonstrativ voneinander abzugrenzen (Hitzler & Niederbacher 2010). Noch feinere distinktive Muster kulturellen Konsums sind mittlerweile durch eine spezifische Vermengung von Aspekten der Hoch- und Populärkultur (Omnivorizität; Berli 2018: 203) entstanden. Soziale Gruppen mit einem vielfältigen Zugang zu Musik (Omnivore) sind daher am besten geeignet, um »um sie herum« »Musik für alle« zu entwickeln.

Die beiden Aspekte, Musik »für alle« zu produzieren und diese an »Orten für alle« zu inszenieren, werden in diesem Beitrag vor dem Hintergrund gesellschaftlicher Diversität und sozialräumlicher Distinktion kritisch betrachtet. Dazu wird im nächsten Abschnitt kurz auf das Bemühen eingegangen, Musik »für alle« zu entwickeln. In den darauffolgenden Abschnitten werden zwei wichtige Hürden für das Bemühen, »Musikorte für alle« zu inszenieren und zu etablieren, analysiert: erstens gesellschaftliche Unterschiede und zunehmende Diversität und zweitens sozialräumliche Spezifik und Selektivität. Daraus ergeben sich (un)günstige soziale und räumliche Konstellationen, um Musik für ein breites Publikum zu gestalten.

Das Bemühen um eine Musik »für alle«[1]

Menschen haben in dörflichen, nachbarschaftlichen oder familialen Gemeinschaften im Rahmen religiöser Rituale oder als Teil von Traditionen und Festen weltweit schon immer Musik gemacht und damit eine Gruppenidentität geschaffen. Im europäischen Kontext zeigt sich das in der international übergreifenden Kirchenmusik, in der regionalen Volksmusik oder dem gemeinsamen, generationsübergreifenden Singen und Musizieren im kleinen Kreis der Familie oder von dörflichen Gemeinschaften. Erst zu Beginn des 20. Jahrhundert hat sich das in Städten Europas und Amerikas auseinanderdifferenziert. An den ›roaring twenties‹ war eher die jüngere urbane Mittelschicht beteiligt – Ältere, Ärmere, Kinder und Jugendliche hatten dazu keinen Bezug, der sich allenfalls in Szenen der Nachtclubs und der Prostitution öffnete. Vor allem seit den 1950er Jahren entstand mit Twist, Rock 'n' Roll und Beat eine Jugendkultur, welche

---

1   An dieser Stelle wird nicht auf den Ansatz der ›community music‹ im Rahmen der sozialen Arbeit in benachteiligenden Stadtteilen eingegangen (de Bánffy-Hall & Hill 2019). Dort wird die Arbeit mit Tönen, Klängen und Harmonien genutzt, um das Selbstbewusstsein von Kindern und Jugendlichen zu stärken (empowerment) und kulturelle Integration zu unterstützen.

die demonstrative Trennung zwischen Alt und Jung symbolisierte, die sich spätestens mit den Beatles und den Rolling Stones verfestigte. Nach Hartmann (2004: 293-295) unterscheiden sich soziale Gruppen nach Alter sehr viel deutlicher als durch Bildung und Geschlecht. Im weiteren Verlauf bildeten sich unter den Jugendlichen gerade aufgrund des Musikgeschmacks und der damit verbundenen Kleidung, Frisur und des Lebensstils deutlich abgrenzende, oftmals rivalisierende soziale Milieus, insbesondere für Techno, Punk und Heavy Metal.

Musik hören vs. Musik machen

Die »Landschaft« des Musikgeschmacks ist insbesondere in modernen Gesellschaften vielfältig und volatil. Dem stehen Künstler:innen gegenüber, die nur einen schmalen Ausschnitt des Musikgeschmacks bedienen wollen und können. Sie sind in der Regel auf ein bestimmtes Genre festgelegt. »Musik für alle« würde dann für einzelne Künstler:innen bedeuten, dieses Spektrum zu erweitern. Doch welche Art der Musik ist »für alle« geeignet? Wer ist mit »alle« jenseits eines »mehr als normalerweise« gemeint? Welche Musik verbindet in einer diversen Gesellschaft noch ein breites Spektrum an sozialen Gruppen – zumindest zu einem Anlass und auf Zeit?

Musik ist kein Selbstzweck und entsteht nicht ohne Interesse. So ist mit Schmidt (2022) zuerst einmal zu fragen, mit welcher Absicht Musik »gemacht« wird: Musik als Ritus in einem bestimmten soziokulturellen Kontext, als Selbstzweck der Künstler:innen oder beispielsweise in einer sozial-integrativen Funktion? Ein weiteres Interesse ist, Musik im Kontext einer Kulturoffensive für (stadt)regionale Wettbewerbsfähigkeit zu instrumentalisieren. Die zentrale Frage ist also: warum Musik(räume) für alle? Wer verbindet was mit dem Wunsch, für bestimmte Musikgenres ungewöhnliche Orte zu nutzen oder bislang vom Lebensstil eher fremde Menschen an einen Ort zu einem Musikevent zusammenzubringen? Welche Grenzen sollen für wen dabei überwunden werden? Geht es um Distinktionsgewinne einzelner Künstler:innen oder sozialer Milieus oder gar »Erziehung« zu einem besseren Musikgeschmack? Geht es um den Abbau von Vorbehalten gegenüber kulturell »fremden« Gruppen oder gar um Inklusion?

Komponist:innen, Musiker:innen sind Künstler:innen; für sie ist das »Machen« der Musik »Selbstzweck« zur Verwirklichung ihres idealen Lebensentwurfes. Daneben erhoffen sie sich Erfolg, der ihnen Applaus bringt und den Lebensunterhalt sichert. Der Kulturbetrieb (Manager:innen, künstlerische Leitungen, Programm-Direktor:innen, Verlage, etc.) erwartet ein »künstlerisches Profil« im Sinne der Unverwechselbarkeit. Diese Alleinstellungsmerkmale führen eher zu einer Engführung des Repertoires. Ähnlich wie in der Wissenschaft wird eine Spezialisierung im Mainstream höher bewertet als eine »alleskönnerische Breite« resp. die Integration unterschiedlicher Musikstile.

Eher in Nischen, in außergewöhnlicher Interpretation bestehender Musik oder im Zusammenwirken unterschiedlicher Musikstile und -kulturen entsteht etwas Neues, Unvorhergesehenes, wirklich Kreatives. Das spricht jedoch nur wenige Künstler:innen und eher kleinere Konsument:innenkreise an – jene, die an unterschiedlichen Arten experimenteller Musik interessiert sind, aber auch jene, deren kultureller Geschmack einem der zusammengeführten Genres entspricht. Diese Musik ist zwar nicht »für alle«, doch zumindest anlassbezogen grenzüberschreitend. Diese musikalischen Experimente sind selten an klassische Musikorte, sondern eher an musikalische »Nicht-Orte« (Augé 2010) gebunden, die dadurch als Orte experimenteller Musik neu gebrandet werden (doppelte experimentelle Praxis; zum Beispiel ehemalige Industrieanlagen, Lagerhäuser und Eisenbahndepots).

Musik kann auch als eine breite Kulturoffensive genutzt werden, um Standortvorteile für (Stadt-)Regionen zu erzielen – ein Beispiel hierfür ist die Internationale Bauausstellung Emscher Park. Die De-Industrialisierung der 1980er Jahre hatte im Ruhrgebiet rostige Industriebrachen und verwüstete Berge-Landschaften hinterlassen. Durch landschaftsplanerische Interventionen, Kunstinstallationen und vor allem ein Re-Branding der verlassenen Industrieanlagen durch das Raumgreifen von Kultur und kreativem Arbeiten entstanden neue Highlights (Zeche Zollverein, Gasometer Oberhausen, etc.), die mittlerweile zum Weltkulturerbe gerechnet werden. Mit dem Slogan »Wandel durch Kultur« wurde Essen schließlich als »Herz des Ruhrgebietes« zur europäischen Kulturhauptstadt 2010 gewählt.

Musikalische Distinktion – ein Milieuansatz

Konstitutives Element der Soziologie ist, sich mit sozialen Ungleichheiten zu beschäftigen. Die soziale Ungleichheitsforschung moderner (urbaner) Gesellschaften hat sich von den klassischen Strukturierungen nach Schichten und sozialen Lagen abgewandt, welche auf ausschließlich soziodemografischen und sozioökonomischen Merkmalen beruhen. Sie präferiert zum einen Distinktionen nach soziokulturellen Merkmalen (Lebensstil, soziale Milieus) (Otte 2004) oder geht von der gleichzeitigen Wirksamkeit mehrerer Merkmale (Diversität) aus beziehungsweise analysiert das Zusammenwirken benachteiligender Faktoren (Intersektionalität) (Becker-Schmidt 2007; Walgenbach et al. 2012).

Während die Diversitäts- und Intersektionalitäts-Ansätze auf die harten, klassenartig ungleich verteilten Ressourcen fokussieren, basieren die Studien zur Distinktion hinsichtlich des Musikgeschmacks und der Musikpräferenzen auf Lebensstil- und Milieuansätzen (die »feinen Unterschiede« soziokultureller Distinktion; Bourdieu 1982). Im deutschsprachigen Raum bezieht man sich hierzu auf den Erlebnismilieu-Ansatz von Gerhard Schulze (1992) und das Modell des Sozialen Raumes von Pierre Bourdieu (1982). Ein dritter Ansatz stammt mit den Sinus-Milieus aus der Markt- und Meinungsforschung.

Schulze (1992) unterscheidet, basierend auf den Merkmalen Bildung (obere, mittlere und untere Abschlüsse) und Alter[2] (unter und über 40 Jahre) fünf Milieus. Diesen ordnet er parallel zur Bildung mit dem *Hochkulturschema*, dem *Trivialschema* und dem

---

2   Da dieses Modell anhand einer einzelnen Stichprobe entwickelt wurde, kann nicht zwischen Alters- und Generationseffekten unterschieden werden, die aber aufgrund gesellschaftlicher Dynamik relevant sind (Otte 2008: 30). So nimmt beispielsweise die Vorliebe für Volksmusik unter den Älteren ab, weil jene, die in ihrer Jugend dieses Genre schon abgelehnt hatten, diese Aversion auch im höheren Alter beibehalten.

Spannungsschema drei alltagsästhetische Schemata zu. Das sehr schlichte typologische Modell wurde im Jahr 1985 anhand einer Stichprobe aus der Stadt Nürnberg entwickelt, in den Anwendungen im Feld der Musik auf andere Städte (Fallstudien) beziehungsweise deutschlandweit in repräsentativen Studien angewandt.

Bourdieus Modell (1982) wurde anhand der französischen Gesellschaft der 1970er Jahre mittels einer multivariaten Analyse (Korrespondenzanalyse) entwickelt. Die Gesellschaft wird in der Vertikalen als ein Klassenmodell (herrschende Klasse, Kleinbürgertum, untere Klasse) über die unterschiedlichen Mengen ökonomischen und kulturellen Kapitals und horizontal über die relative Dominanz beider Kapitalsorten aufgespannt. Anhand dieses Modells hat Bourdieu unter anderem auch Musikpräferenzen der damaligen Zeit analysiert. Danach positioniert sich die bildungsbürgerliche Oberschicht über die Orientierung an der klassischen Musik und der »Abgrenzung nach unten« (Bourdieu 1993).

In der Überprüfung dieser These stellt Peterson (1992) für die amerikanische Gesellschaft der späten 1980er Jahre jedoch fest, dass gerade die jüngeren Mitglieder der Oberschicht einen eher vielfältigen Musikgeschmack haben.[3] Daraus hat sich eine breite Diskussion um die Ausdifferenzierung von kulturellen Präferenzen und Praktiken entwickelt, die unter dem Schlagwort ›cultural omnivorousness‹ vor allem im englischsprachigen Raum geführt wird (für einen Überblick s. Berli 2018). Für die Suche nach einer »Musik für alle« sind daher vor allem jene Gruppen anschlussfähig, die sehr unterschiedliche Musikgenres präferieren, gut kennen und konsumieren.

Es gibt auch im deutschsprachigen Raum eine Reihe von empirischen Studien, in denen die am stärksten omnivoren sozialen Gruppen identifiziert werden (Amrhein 2021; Bourdieu 1993; Eicher & Kunißen 2018; Gebesmair 2004; Hartmann 2004; Kunißen et al. 2018; Otte 2008; Rössel 2004; Schulze 1992). Um in Gruppen

---

3   In den Studien zur Ausdifferenzierung des Musikgeschmacks wird überwiegend die Oberschicht betrachtet; die musikalischen Präferenzen der unteren Bildungsgruppen und der jungen Erwachsenen werden eher hinsichtlich ihrer Konzentration auf spezifische Musikszenen betrachtet (Calmbach 2004; Hitzler & Niedernbacher 2010).

zu unterscheiden, werden entweder soziale Strukturmerkmale (Bildung, Alter, Geschlecht) oder das oben knapp vorgestellte Modell von Schulze und deren Alltagsschemata verwendet. Dabei führt lediglich das Alter zu signifikanten Unterschieden, was auf das Herausbilden der Jugendkulturen mit den Vorlieben und Abneigungen (gegen Volksmusik und Schlager) als Sozialisationsmerkmal zurückzuführen ist, was sich bis ins Alter durchzieht. Andere Merkmale führen dagegen meist zu keinen oder allenfalls schwachen Ergebnissen. Das bestätigt, dass aufgrund gesellschaftlicher Entwicklungen soziale Strukturmerkmale immer weniger dafür geeignet sind, um einstellungs- und verhaltenshomogene Gruppen abbilden zu können.

Statt der sozialen Strukturmerkmale als erklärende Variablen bietet sich beispielsweise das Sinus-Milieumodell aus der Markt- und Meinungsforschung an. Dieses ist deutlich aufwändiger als die bislang genannten konzipiert und wird aufgrund der Annahmen über die Auswirkungen des sozialen und technologischen Wandels in gewissen Zeiträumen adaptiert.[4] Es verdeutlicht, dass die Statusgruppen sich in der Generationsfolge erheblich ausdifferenziert haben. Die Oberschicht wird dort in vier Milieus (nach generationsspezifisch unterschiedlichen Sozialisationshintergründen und Werteorientierungen) unterteilt.[5] Dass vor allem jüngere Menschen der Oberschicht deutliche »Grenzüberschreitungen« der Präferenzen hinsichtlich der Zugangsweise und nach Musikpräferenz für Hoch- und Trivialkultur zeigen (und dadurch in ihrem Umfeld positiv wahrgenommen werden), ließe sich mit den Milieus der »Expeditiven« und »Performern«[6] eindeutig erklären, während insbe-

4   Zu weiteren Informationen zum Sinus-Modell: https://www.sinus-institut.de/sinus-milieus/sinus-milieus-deutschland.
5   Zu diesem Modell gibt es jedoch keine repräsentativen Studien zum Musikgeschmack. Es gibt aber Jugend-Studien hinsichtlich des Musikgeschmacks und der -präferenzen, die aber auf einem speziellen Jugend-Milieumodell der entsprechenden Altersgruppen aufbauen (https://www.sinus-institut.de/sinus-milieus/sinus-jugendmilieus) (Calmbach 2023).
6   Das Expeditive Milieu besteht aus sehr jungen, oft noch in Ausbildung (Studium) befindlichen, ethnisch sehr unterschiedlichen Menschen, die flexibel an vielfältigen sozialen und oft kosmopolitischen Kontakten interessiert sind (s. auch Rössel & Schroedter 2015). Als Leitmilieu für innovative Trends werden sie als »ambitionierte kreative Bohème« oder »individualistische digitale Avantgarde« bezeich-

sondere die »Konservativen«[7] fast ausschließlich an der Hochkultur interessiert sind (Calmbach & Hempelmann 2020). Das Spannungs-schema wird im Sinus-Modell durch zwei Milieus (Konsum-hedo-nistisches Milieu und Prekäres Milieu) repräsentiert. Diese definie-ren sich eher eng über Szenebildung und Optimierung des »szenespezifischen Kapitals« (als auf das Feld des Musikgeschmacks bezogene Kombination aus kulturellem und sozialem Kapital) als über einen vielfältigeren Geschmack.

Aus den Milieustudien wird deutlich, dass es in diversen Gesell-schaften keine »Musik für alle« geben kann, weil gerade die Zu-gangsweisen und der Musikgeschmack zwei wesentliche Elemente sind, worin sich soziale Gruppen teils demonstrativ unterscheiden. Wenn man das Ziel verfolgt, Musik für »möglichst viele« anzubie-ten, sollten um die am stärksten omnivoren Milieus, die Vielfalt als kulturelle Kompetenz ansehen (Expeditives Milieu, Milieu der Per-former, Adaptiv-pragmatisches Milieu[8]), weitere anschlussfähige Milieus über deren Motivation und Musikgeschmack angesprochen werden. Über weitere Studien lassen sich den jeweiligen Milieus nicht nur weitere Felder des Lebensstils (Wohngeschmack, Religio-sität, Kulinarik, etc.) und des Verhaltens zuordnen, sondern auch Kommunikationsstrategien, mit welchen Narrationen sie über wel-che Kanäle und in welchem raum-zeitlichen Kontext sie erreichbar sind. Eine zielgruppenspezifische Kommunikationsstrategie ist wesentlich, um den Kreis der »vielen« zu vergrößern.

---

net. Das Milieu der Performer ist durch globalökonomisches und liberales Denken gekennzeichnet; als effizienzorientierte und fortschrittsoptimistische Leistungs-elite sind sie Stil- und Konsum-Pioniere mit hoher Technik- und Digital-Affinität. Beide Milieus grenzen sich in ihrem Musikgeschmack ab von dem des Prekären Milieus und des Konsum-hedonistischen Milieus ab, die jeweils eher spezifische Szenen bevorzugen.

7   Das Konservativ-gehobene Milieu ist Träger der klassischen Verantwortungs- und Erfolgsethik und hegt starke Exklusivitäts- und Statusansprüche.

8   Das Adaptiv-pragmatische Milieu gilt als moderner Mainstream. Es hat sich aus der zunehmend konservativer werdenden (älteren) bürgerlichen Mitte (Schlager, Volksmusik) aufgrund einer Offenheit für Diversität entwickelt. Es gilt daher auch als Brückenmilieu für eine interkulturelle Integration.

Segregierte Orte – passend als »Musikorte für alle«?

Musikspielen und Musikhören ist in der Regel an bestimmte Orte gebunden: Opern, Konzerte, Musicals und Kirchenmusik gehören in bestimmte Gebäude, und auch Heavy Metal, Schlager und Volksmusik haben ihre bestimmten Orte, an denen die jeweilige Musik ihre »Heimat« hat. Sowohl für das Musikspielen als auch das Musikhören sind diese festen Zuordnungen vertraut, und Spielende und Hörende verbinden den spezifischen Ort mit einer bestimmten Musik. Werden diese festen Zuordnungen aufgebrochen, beispielsweise durch Opern auf Seebühnen oder in ehemaligen Fabrikhallen, bedeutet das für beide Seiten Umstellungen, die als mühsam (weil die Akustik schlecht ist) oder positiv spannungsvoll (weil die Musik aufgrund des Kontextes ganz anders wirkt) empfunden werden können (Gebesmair 2004), zumal dann, wenn die Grenzüberschreitungen Vorteile im eigenen Kontext erbringen. Daher sprechen diese »Auswärtsspiele« sowohl bestimmte Musiker:innen und Zuhörer:innen an – bei letzteren sicherlich eher omnivore Gruppen. Konzerthäuser können Orte unterschiedlicher Genres sein, dann aber nicht »für alle«, allenfalls »für mehrere« und das zudem in zeitlicher Trennung, sodass unterschiedliche Musikkonsument:innen einander kaum treffen können. Anders sind Festivals mit einem sehr unterschiedlichen Angebot, bei dem auch Musiker:innen auftreten, die einzelnen Genres und Stilen bewusst nicht zuzuordnen sind.[9]

Orte bestehen nicht nur aus objektiven Fakten (Lage, Ausstattung, Funktionen), sondern auch aus mehr oder weniger strikten normativen Zuweisungen (Images), und vor allem werden Orte in ihrer sozialräumlichen Wahrnehmung subjektiv wahrgenommen und bewertet. Während das »Objektive« die Bühne bildet, entscheidet die subjektive Kognition darüber, wie die Akteur:innen auf dieser agieren (Löw 2001). Sozial unterschiedliche Kognitionen gleicher Orte zeigen, dass es in diversen Gesellschaften auch keinen

---

9   Ein Beispiel ist das Fusion-Festival in Lerz (Mecklenburg-Vorpommern), bei dem nicht nur Grenzen verschiedener Musikrichtungen, sondern auch zu anderen Künsten überwunden werden (Ickert 2009).

»Ort für alle« geben kann. Ein »Musikort für viele« muss eine möglichst flexible »Bühne« sein (Raumhöhe, Spannweiten) und über
ein breit geteiltes Image verfügen. Er muss von Künstler:innen
und Kreativen als für Ihr Handeln geeignet sowie von einem breiten Publikum als für ihre eigenen Konsumwüsche angemessen
angesehen werden. Inszenierungen in den umfunktionierten »Kathedralen der Arbeiter:innen«, auf Baustellen, auf Bauernhöfen
(Schleswig-Holstein Musik Festival) oder in Bunkern sprechen nur
bestimmte soziale Milieus für ihre Selbstinszenierung an. Häufig
stößt der Wunsch, »einfachere« Hochkultur an die urbane und soziale Peripherie zu bringen, schnell an seine Grenzen.

Neben der ersten Frage, welche Stilrichtungen und Genres geeignet sind, um Grenzen des Musikgeschmacks und der Präferenzen überwinden zu können, und der zweiten, wie hierfür geeignete
Orte beschaffen sein sollten, ist zunächst zu klären, welche Ziele mit
einem »Musikort für alle« verbunden sind. Denn letztlich davon ist
abhängig, welches Spektrum und in welcher Breite das »für alle«
sinnvollerweise dimensioniert werden kann. Selbst ein sinnvolles
Konzept kann jedoch daran scheitern, wenn der Ort (oder der Zeit-
raum) hierfür nicht passend ist.

Literatur

Amrhein, Ludwig (2021): »Wodurch wird der Musikgeschmack bestimmt
und wie verändert er sich im Lebensverlauf? Eine Sekundärauswertung der
Lebensstilstudien Outfit 4 und Outfit 6 zu den sozialen und lebenszeitlichen
Determinanten von musikalischen Genrepräferenzen«, in: Franz Kolland,
Vera Gallistl, Viktoria Parisot (Hg.): *Kulturgerontologie. Konstellationen, Rela-
tionen und Distinktionen*, Wiesbaden 2021, S. 393-416.

Augé, Marc (2010): *Nicht-Orte*, München 2010.

Becker-Schmidt, Regina (2007): »›Class‹, ›gender‹, ›ethnicity‹, ›race‹: Logiken
der Differenzsetzung, Verschränkungen von Ungleichheitslagen und gesellschaftliche Strukturierung«, in: Cornelia Klinger, Gudrun-Axeli Knapp, Birgit
Sauer (Hg.): *Achsen der Ungleichheit. Zum Verhältnis von Klasse, Geschlecht
und Ethnizität*, Frankfurt am Main 2007, S. 56–83.

Berli, Oliver (2018): »Varianten der Distinktion. Eine Systematisierung der
gegenwärtigen Omnivoritätsforschung«, in: *Zeitschrift für Theoretische Soziologie* 7 (2) 2018, S. 203-227. Auch unter: https://doi.org/10.17879/zts-2018-
4179 [zuletzt: 24.01.2025].

Bourdieu, Pierre (1982): *Die feinen Unterschiede. Kritik der gesellschaftlichen Urteilskraft*, Frankfurt am Main 1982.

Bourdieu, Pierre (1993): »Über Ursprung und Entwicklung der Arten der Musikliebhaber«, in: Pierre Bourdieu (Hg.): *Soziologische Fragen*, Frankfurt am Main 1993, S. 147-152.

Calmbach, Mac (2023): »Wie ticken Jugendliche? Das Sinus-Modell für jugendliche Lebenswelten in Deutschland«, in: Bertram Barth, Bodo B. Flaig, Norbert Schäuble, M. Tautscher (Hg.): *Praxis der Sinus-Milieus®*, Wiesbaden 2023, S. 113-131.

Calmbach, Marc & Hempelmann, Heinzpeter (2020): »Milieus und Musik«, in: Heinzpeter Hempelmann, Benjamin Schließer, Corinna Schubert, Patrick Todjeras, Markus Weimer (Hg.): *Handbuch milieusensible Kommunikation des Evangeliums: Reflexionen, Dimensionen, praktische Umsetzung* (= Kirche & Milieu 4), Göttingen 2020, S. 263-270.

de Bánffy-Hall, Alicia & Hill, Burkhard (2019): »Community Music«, in: Theo Hartogh, Hans-Hermann Wickel (Hg.): *Handbuch Musik in der Sozialen Arbeit*, Weinheim & Basel 2019, S. 98-110.

Eicher, Debora & Kunißen, Katharina (2018): »Bizet, Bach und Beyoncé. Hochkulturelle Musik in grenzüberschreitenden Geschmackskombinationen«, in: Karl-Heinz Reuband (Hg.): *Oper, Publikum und Gesellschaft*, Wiesbaden 2018, S. 119-142.

Gebesmair, Andreas (2004): »Renditen der Grenzüberschreitung. Zur Relevanz der Bourdieuschen Kapitaltheorie für die Analyse sozialer Ungleichheiten«, in: *Soziale Welt* 55 (2) 2004, S. 181-203. Auch unter: https://www.nomos-elibrary.de/10.5771/0038-6073-2004-2-181.pdf?download_full_pdf=1 [zuletzt: 24.01.2025].

Hartmann, Peter H. (2004): »Geschmackskulturen in Düsseldorf: Präferenzen für Musik und Essen«, in: Robert Kecskes, Michael Wagner, Christof Wolf (Hg.): *Angewandte Soziologie*, Wiesbaden 2004, S. 289-308.

Hitzler, Ronald & Niederbacher, Arne (2010): *Leben in Szenen. Formen juveniler Vergemeinschaftung heute*, Opladen 2010.

Ickert, Johanna (2009): *Der Kulturkosmos Müritz: Sozialkapital, Placemaking und Local Governance als Entwicklungsfaktoren in ländlich-peripheren Regionen Ostdeutschlands*, Saarbrücken 2009.

Kunißen, Katharina; Eicher, Debora & Otte, Gunnar (2018): »Sozialer Status und kultureller Geschmack. Ein methodenkritischer Vergleich empirischer Überprüfungen der Omnivore-Univore-These«, in: Julia Böcker, Lena Dreier, Melanie Eulitz, Anja Frank, Maria Jakob, Alexander Leistner (Hg.): *Zum Verhältnis von Empirie und kultursoziologischer Theoriebildung: Stand und Perspektiven*, Weinheim & Basel 2018, S. 209-235.

Löw, Martina (2001): *Raumsoziologie*, Frankfurt am Main 2001.

Otte, Gunnar (2004): *Sozialstrukturanalyse mit Lebensstilen*, Wiesbaden 2004.

Otte, Gunnar (2008):»Lebensstil und Musikgeschmack«, in: Gerhard Gensch, Eva Maria Stöckler, Peter Tschmuck (Hg.): *Musikrezeption, Musikdistribution und Musikproduktion. Der Wandel des Wertschöpfungsnetzwerkes in der Musikwirtschaft*, Wiesbaden 2008, S. 25-56.

Peterson, Richard A. (1992):»Understanding Audience Segmentation: From Elite and Mass to Omnivore and Univore«, in: *Poetics* 21 (4) 1992, S. 243-258. Auch unter: https://doi.org/10.1016/0304-422X(92)90008-Q [zuletzt: 24.01.2025].

Reuband, Karl-Heinz (2003):»Musikalische Geschmacksbildung und Generationenzugehörigkeit. Klassik-Präferenzen im europäischen Vergleich«, in: Armin Klein (Hg.): *Deutsches Jahrbuch für Kulturmanagement 2002*, Bd. 6, Baden-Baden 2003, S. 152-164.

Rössel, Jörg (2004):»Von Lebensstilen zu kulturellen Präferenzen – Ein Vorschlag zur theoretischen Neuorientierung«, in: *Soziale Welt* 55 (1) 2004, S. 95-114. Auch unter: https://www.jstor.org/stable/40878449 [zuletzt: 24.01.2025].

Rössel, Jörg & Schroedter, Julia H. (2015):»Cosmopolitan cultural consumption: Preferences and practices in a heterogenous urban population in Switzerland«, in: *Poetics* 50 2015, S. 80-95. Auch unter: http://dx.doi.org/10.1016/j.poetic.2015.02.009 [zuletzt: 24.01.2025].

Schmidt, Michael (2022): *Zwischen Tönen. Musik im Kontext*, München 2022.

Schulze, Gerhard (1992): *Die Erlebnisgesellschaft. Kultursoziologie der Gegenwart*, Frankfurt am Main 1992.

Walgenbach, Katharina; Dietze, Gabriele; Hornscheidt, Lann & Palm, Kerstin (2012): *Gender als interdependente Kategorie. Neue Perspektiven auf Intersektionalität, Diversität und Heterogenität*, Opladen u. a. 2012.

Michaela Fridrich

Zwischen Himmel und Hauptbahnhof

Orte als Möglichkeitsräume für Musik

Um 6 Uhr morgens geht es los. Im Sommer sogar schon um 4 Uhr. Jedenfalls bei Sonnenaufgang und bei jedem Wetter, egal ob es stürmt oder schneit. Das Ganze findet auf einem ehemaligen Industrie- und Fabrikgelände im Osten Münchens statt. Was sich hier in aller Herrgottsfrüh ereignet? Ein Klavierkonzert. Und zwar ein halbes Jahr lang jeden Morgen kurz bevor die Sonne aufgeht. Dafür geht man nicht etwa in eines der Fabrikgebäude oder in einen Containerbau auf dem Areal. Der Ort des Geschehens ist das Freigelände, zehn Meter über dem Boden: Aufgehängt an einem Kran schwebt dort der Pianist Alain Roche samt seinem eigens zu diesem Zweck gebauten Flügel in der Luft und beglückt mit seiner Musik das Publikum unten am Boden, das extra früh aufstehen musste, um die Performance in Liegestühlen über Kopfhörer mitverfolgen zu können.[1]

Szenenwechsel: In der Düsseldorfer Münster-Therme und im Frankenbad Bonn finden eine Woche lang Klanginstallationen und Konzerte von jungen Komponistinnen und Klangkünstlern statt. Der Badebetrieb ist dafür nicht unterbrochen worden. »Wellenbad« heißt das Projekt, bei dem Schall- und Wasserwellen aufeinandertreffen. Wer hören will, was sich die Musikerinnen und Musiker haben einfallen lassen, muss sich ins Schwimmbecken begeben und eintauchen, jedenfalls die Ohren unter Wasser halten. Dort ist über spezielle Lautsprecher ein Konzert der besonderen Art zu hören.[2]

Und nochmal eine Ortsveränderung in eine Umgebung, die auf viele Menschen auf den ersten Eindruck ziemlich bedrohlich wirken mag. Stacheldraht, Kameras, vergitterte Fenster – die Justizvoll-

---

1 Näheres zu dem Projekt unter: https://alainroche.ch/chantier/ [zuletzt: 24.01.2025].
2 Näheres zu dem Projekt unter: https://nathaliebrum.eu/wellenbad [zuletzt: 24.01.2025].

Abb. 8:
Alain Roche bei
einer Performance
im Werksviertel
in München

zugsanstalt Plötzensee, wo erwachsene Männer ihre Strafe absitzen. 35 von ihnen dürfen an diesem Abend in einem der Gemeinschaftsräume 50 Minuten lang einem Ensemble zuhören, das hier einen Live-Auftritt mit Musik von Franz Schubert absolviert.[3]

Drei völlig unterschiedliche Orte sind das, die aus jeweils ganz eigenen Gründen von Künstlerinnen und Künstlern bespielt werden. So will der Pianist Alain Roche mit seinem Projekt »Piano vertical« ein besonderes Musikerlebnis schaffen, während die Musikerinnen und Musiker im Schwimmbad auf den Überraschungseffekt setzen und Menschen unterschiedlichster Couleur mit ihren Klängen erreichen möchten. Auch solche, die sonst keinen klassischen Konzertort aufsuchen würden. Bei dem Ensemble, das Kammermusik im Gefängnis aufführt, handelt es sich um das Musethica-Projekt, eine besondere Art der künstlerischen Ausbildung, der ein sozialer Leitgedanke zugrunde liegt: Um klassische Musik ausnahmslos allen Mitgliedern der Gesellschaft zugänglich zu machen,

3   Zum Musethica-Projekt: https://www.germany.musethica.org/ [zuletzt: 24.01.2025].

spielen hochbegabte Nachwuchsmusikerinnen und -musiker vor Menschen, die aufgrund ihrer jeweiligen Lebenssituation kein Konzert besuchen können.

So unterschiedlich die drei ausgewählten Beispiele erscheinen, eines haben sie gemeinsam: Sie alle finden an Orten statt, wo niemand Musik erwarten würde. Entsprechend unvorhersehbar sind die Reaktionen der mehr oder weniger freiwillig Zuhörenden angesichts der ungewohnten, teils auch unerwarteten Konzerterfahrungen. Musik lässt sich fast überall machen, wie man sehen kann. Sie wird jedoch von den Menschen, die ihr dort begegnen, unterschiedlich rezipiert. Das gilt für die beschriebenen experimentellen Musikorte ebenso wie für die klassischen und bewährten. So weiß der erfahrene Konzertgänger, welche Rituale ihn in der Philharmonie erwarten, und umgekehrt auch, was dort von ihm erwartet wird. Er weiß, wie er sich zu kleiden hat, wann er dem Orchester, der Dirigentin und dem Solisten applaudieren darf und wann er es besser unterlässt. Während er der Musik in stiller Andacht und regloser Konzentration folgt, weiß er natürlich, dass sie in einer Kirche eine andere Rolle spielt und nicht die gleiche Aufmerksamkeit erfordert – selbst wenn es zufällig dasselbe Werk ist, das dort erklingt.

Orte haben einen großen Einfluss darauf, wie man der Musik zuhört und wie man sie wahrnimmt. So empfinden viele Menschen die Klänge, die von der Wohnung des Nachbarn in die Privatheit ihrer eigenen vier Wände dringen, als unangenehm und störend. Hingegen kann man heutzutage auch in öffentlichen Räumen einen virtuellen privaten Ort für sich schaffen, indem man sich mit Kopfhörern akustisch von der Außenwelt abkoppelt. Die gleiche Musik entfaltet, je nachdem wo sie gehört wird, völlig unterschiedliche Wirkungen. Sie kann dabei stärker berühren oder im Gegenteil als weniger intensiv empfunden werden. So wird der Kopfhörer-Nomade die Stücke seiner Lieblingsband auf einer Playlist vermutlich ganz anders hören als bei einem Live-Auftritt im Stadion. Auch wird sich seine Wahrnehmung verändern, je nachdem ob die Musik in einem Restaurant aus Lautsprechern kommt oder aus seinen Kopfhörern in der U-Bahn auf dem Weg ins Büro. Viele Klassik-Freundinnen und -Freunde haben aufgrund von Einschränkungen während der Pandemie die Erfahrung machen können, dass es ihr Erleben einschneidend verändert, wenn sie eine Aufführung nicht wie üblich in einem Konzerthaus im physischen Zusammensein mit anderen, sondern vor ihrem Computerbildschirm von zu Hause aus mitverfolgen – was in aller Regel als eher ernüchternd empfunden wird. Einige wenige kamen später, als die Vorschriften gelockert wurden, in den Genuss von Konzerten an besonderen Orten, bei welchen einzelne oder sehr wenige Musiker für ebenso wenige Zuhörerinnen spielten. Diese Erfahrung wurde dann in der Regel als besonders beglückend beschrieben.[4]

Der Erfolg privat anmutender Aufführungsformate wie der 1 : 1-Konzerte an besonderen Orten hat die Pandemie überdauert. Insbesondere in der zeitgenössischen Musik gibt es Komponistinnen und Klangkünstler, die in ihrer Arbeit schon seit Langem den direkten Kontakt zwischen Musikerin und Zuhörer erforschen, wie der Komponist Manos Tsangaris in seinen Stücken *Fahrstuhl, close Up – lontano* oder *INSIDE OUT*.[5] Die starke Wirkung, die von Konzert-Formaten wie diesen ausgeht, hängt nicht zuletzt mit den Orten zusammen, an denen sie realisiert werden. Es scheint fraglich, ob sich die gleiche Wirkung auch an etablierten Aufführungsorten entfalten könnte. Doch wovon hängt es tatsächlich ab, wie Musik erlebt wird, welche Resonanz sie bei den Hörenden erzeugt? Was macht ein Konzert zu einem unvergesslichen Erlebnis? Und welche Rolle spielt der Ort dabei, an dem die Musik erklingt?

Es gibt unzählige Studien dazu, warum Menschen musizieren und Musik hören. Sie alle bestätigen, was viele aus der eigenen Erfahrung wissen: Am weitaus wichtigsten sind die Gefühle, die Musik auslösen kann. In dieser Unmittelbarkeit und in einer vergleichbaren Intensität vermag dies keine andere Kunstform. Die emotionale Resonanz, die sich zwischen Musizierenden und Zuhörenden durch Musik einstellt, erzeugt eine Lebendigkeit, die als er-

---

4 Vgl. dazu Berichte zu den 1 : 1 Concerts des SWR Symphonieorchesters und des Staatsorchesters Stuttgart unter: https://www.swr.de/swrkultur/musik-klassik/symphonieorchester/1zu1-konzerte-swr-symphonieorchester-100.html [zuletzt: 24.01.2025].

5 Infos unter: https://www.tsangaris.de/kompositionen%20-%20seite%201.htm [zuletzt: 24.01.2025].

füllend und sinnstiftend erlebt wird. Welchen Einfluss Orte darauf haben, inwieweit Musik solch starke Wirkungen erzeugen kann, darüber kann man aufgrund fehlender Forschungsergebnisse nur spekulieren. Abgesehen von der Tatsache, dass es für die Wahrnehmung grundsätzlich sicher eine Rolle spielt, wo und in welchem Kontext Musik erklingt, gibt es andererseits auf den Ort bezogene Faktoren, die keine großen Auswirkungen auf das Musikerlebnis zu haben scheinen. So wird man aus Berichten über besonders intensive Konzerterfahrungen in der Regel kaum schließen können, dass sie sich der hervorragenden Akustik eines Konzertsaals verdanken. Ebenso wenig scheint es eine Rolle zu spielen, ob die Aufführung in einer angesagten Location stattfindet oder in einem Kultbau, der als prominentes Wahrzeichen das Image einer Stadt prägt. Der Ort an sich mag den Musikfreund in solchen Fällen vielleicht beeindrucken und ihm in Erinnerung bleiben. Die Musik, die er dort hört, wird aufgrund der besonderen architektonischen Qualitäten aber kaum einen stärkeren Eindruck hinterlassen.

Häufig wirken bedeutende Konzertsäle und große Opernhäuser auf Menschen sogar eher einschüchternd, und zwar nicht aufgrund der Musik, die dort gespielt wird, sondern wegen ihrer sozial ausgrenzenden Konnotationen sowie wegen ihres oftmals monumentalen, an ein Bollwerk erinnernden Äußeren. Sie werden von vielen gerne von außen angeschaut, laden aber selten dazu ein auch einzutreten. So ist das Sydney Opera House gewiss eines der weltweit am häufigsten fotografierten Gebäude. Von den musikalischen Produktionen, die darin stattfinden, wird vergleichsweise allerdings nur selten berichtet, und man könnte daher vermuten, dass es darüber auch nicht viel zu berichten gibt. Was übrigens sehr wahrscheinlich nicht stimmt, aber dennoch Aufschluss gibt über das in diesem Fall besonders asymmetrisch scheinende Verhältnis zwischen der Rezeption der Musik und derjenigen ihres Ortes. Eine in hohem Maße imponierende wie prominente Aufführungsstätte sagt offenbar nichts aus über die Wahrscheinlichkeit exzeptioneller Musikerfahrungen dort. Der Soziologe Jens S. Dangschat, der sich unter anderem mit den Auswirkungen der Städteplanung auf soziale Milieus beschäftigt, geht sogar davon aus, dass »die Instrumentalisierung der Architektur zur ›Reinigung‹ des öffentlichen

Raumes resp. zur Markenbildung von Städten, Regionen und Nationalstaaten eine ausgrenzende Wirkung gegenüber weniger erwünschten sozialen Gruppen entfaltet«[6].

Wenn man davon ausgeht, dass es ein möglichst breites und diverses Publikum mit Musik zu erreichen gilt, würden architektonisch spektakuläre, repräsentative Bauten diesem Ziel also eher entgegenwirken. Die Erfahrung zeigt, dass weniger glanzvolle und elitär anmutende Orte keine so große Scheu bewirken. Sie können mehr Menschen dazu ermutigen, auch Interesse dafür zu entwickeln, was sich im Inneren abspielt. Einige der erfolgreichsten Orte für Kultur und auch für Musik sind erstaunlicherweise solche, die ursprünglich gar nicht zu diesem Zweck gebaut wurden. Bekannte Beispiele sind das Radialsystem Berlin im ehemaligen Abwasserpumpwerk oder die Zeche Zollverein auf einem Gelände, das bis in die 1980er Jahre als Steinkohlebergwerk diente. Und seit Kurzem auch die Münchner Isarphilharmonie HP8, die unter Einbeziehung einer denkmalgeschützten Trafohalle für das Foyer errichtet wurde. Ebenfalls bewährt hat sich das Konzept multifunktionaler Bauten, die Konzertsäle, Bildungsträger, Bibliotheken und andere öffentliche Einrichtungen unter einem Dach vereinen. Gerade unter Vermittlungsaspekten sind solche Orte besonders attraktiv, weil sie keine Berührungsängste entstehen lassen und diverse Publika ansprechen können.

Aus dieser Perspektive scheinen Forderungen nach Neubauten für den Musikbetrieb eher fragwürdig – selbst dann, wenn man das Argument ihrer unverhältnismäßigen sowie oftmals schwer kalkulierbaren Kosten ausblendet. Der Nutzen solcher Bauten erschließt sich eigentlich nur jenen, die als Musikschaffende oder als Besucher davon unmittelbar profitieren, also einen nur sehr kleinen Teil der gesamten Gesellschaft ausmachen. Sinnvoller wäre es wohl, bestehende Orte stärker in den Blick zu nehmen und sie als eine Chance zu begreifen, möglichst viele unterschiedliche Menschen mit Musik in Kontakt zu bringen. Das müssen keineswegs so ausgefallene Lo-

---

6 Jens S. Dangschat, *Architektur und soziale Selektivität*, unter: https://www.bpb.de/shop/zeitschriften/apuz/31942/architektur-und-soziale-selektivitaet/ [zuletzt: 24.01.2025].

cations sein wie die zu Anfang beschriebenen. Diese zeigen lediglich, dass Musik sich grundsätzlich überall ereignen kann, wo sie
auf ein Publikum trifft. Eine Erkenntnis, die von einigen Kulturinstitutionen und Musikschaffenden bereits genutzt wird. Vielerorts
finden mittlerweile ganze Konzertreihen in Museen und Galerien
statt. Oder in privaten Räumen, die von ihren Bewohnern für Auftritte von Musikerinnen und Musikern geöffnet werden. Solche
Formate richten sich allerdings eher an ein kulturaffines Publikum,
das für neue Musikerfahrungen offen ist oder sogar gezielt danach
sucht. Schwieriger ist es, die Teile der Gesellschaft zu erreichen, die
nicht von sich aus an Aufführungen von Musik interessiert sind,
weil sie glauben, dass sie keinen Zugang dazu finden können. Oder
aber – häufiger als man annimmt –, weil sie gar nicht auf die Idee
kommen, dass ihnen der Besuch einer Musikveranstaltung etwas
bringen könnte.

Es gibt Best-Practice-Beispiele, die zeigen, wie Orte dazu genutzt
werden können, breitere und diversere Gruppen anzusprechen und
Berührungsängste abzubauen. Seit einiger Zeit macht das Theater
Basel vor, wie einfach das gehen kann: Unter dem Motto »Foyer
Public«[7] wird an mehreren Tagen der Woche der großzügige Eingangsbereich des Theaters für alle Menschen zur freien Nutzung
geöffnet. Es gibt kostenlosen Internetzugang, Steckdosen, Handy-
ladestationen, eine Bibliothek. Außerdem ein Café ohne Konsum-
zwang, sodass man auch eigene mitgebrachte Speisen und Getränke
konsumieren darf, sich mit Freunden treffen oder sogar einen eigenen Workshop abhalten kann. Manchmal gibt es Veranstaltungen
des Theaters, die aber nicht der Hauptzweck dieses Konzepts sind,
denn es geht nicht um Werbung für die hauseigenen Produktionen.
Das Projekt ist eher als ein Statement der Theaterleitung zu verstehen, wonach ein öffentlich gefördertes Haus auch einer möglichst
breiten Öffentlichkeit zur Verfügung stehen sollte – nicht nur einem kleinen Teil von Theaterbesucherinnen und -besuchern. Das
kommt gut an und macht möglicherweise doch Lust auf mehr. Jedenfalls entsteht so eine Nähe, die dem Gebäude die einschüchternde Wirkung nimmt, die manche Menschen mit großen Theater-

---

7   Mehr dazu unter: https://www.theater-basel.ch/de/foyerpublic [zuletzt: 24.01.2025].

bauten verbinden. Auch wenn in diesem Fall noch keine Begegnung mit Musik stattfindet, werden im Hinblick auf den Ort, wo sie sich ereignen kann, optimale Voraussetzungen geschaffen. Die Idee ist so bestechend, dass man sich nur wundern kann, warum nicht mehr Häuser und Bühnen dem Basler Beispiel folgen.

Einen ganz anderen Ansatz verfolgt die Komische Oper Berlin mit ihrer Pop-up-Opera. Hier geht es darum, das Publikum an den unterschiedlichsten Orten der Stadt auf überraschende Weise mit kurzen Auftritten aus den eigenen Bühnenproduktionen regelrecht zu konfrontieren. Da gibt es beispielsweise eine Barock-Arie auf Türkisch im Pergamonmuseum, einen Operettenschlager am Hauptbahnhof und einen Opernchor in der Zentralbibliothek. Das Format beschreitet mit seiner Überrumpelungstaktik durchaus gewagte Pfade. Die Reaktionen der Menschen sind aber überwiegend positiv, wovon man sich anhand der im Internet abrufbaren Videos überzeugen kann.[8] Gut vorstellbar, dass hierin eine Chance liegt, vereinzelt musikalische Schlüsselerlebnisse auszulösen, die der Idee eines Opernbesuchs bei manchen bisher kaum Interessierten ihren Schrecken und ihre Absurdität nehmen.

Neben vielen anderen zeigt auch das Berliner Beispiel, wie Orte genutzt werden können, um einer breiten und diversen Vielzahl von Menschen bereichernde musikalische Erfahrungen zu ermöglichen. Damit das gelingt, sollte ihr jeweiliger Kontext umfassend berücksichtigt werden. Das soziokulturelle Umfeld, in dem sie sich befinden, ist ebenso wichtig wie ihre verkehrstechnische Erreichbarkeit, ihre technische Ausstattung oder auch ihre Atmosphäre, ihre Aura. Ein interessantes, noch recht junges Format, das auf einen konkreten Ort abzielt und sich von ihm zugleich schon wieder emanzipiert, ist die Neuvertonung von alten Stummfilmklassikern. Dabei wird das Kino zum Ort des Erstkontakts mit einem Musikgenre, das als besonders schwer zugänglich gilt und normalerweise nur ein sehr überschaubares Publikum anzieht: die Neue Musik. So hat eine der profiliertesten Gegenwartskomponistinnen, Olga Neuwirth, dem Film *Stadt ohne Juden* von Hans Karl Breslauer aus dem

---

8   Infos dazu unter: https://www.komische-oper-berlin.de/spielplan/a-z/pop-up-opera/ [zuletzt: 24.01.2025].

Jahr 1924 einen neuen »Soundtrack« verpasst.[9] Ebenso hat ihr Kollege Johannes Kalitzke mehrfach alte Stummfilme vertont.[10] Dass sich in solchen Fällen in der Aufführungspraxis die Hierarchie umkehrt und man die Musik dann auch in etablierten Konzertsälen als das Hauptereignis mit der Filmprojektion als Begleitung dargeboten bekommt, ist dem hohen Renommee von Neuwirth und Kalitzke geschuldet. Aber auch solche Beispiele lassen erahnen, welche Chancen für die Vermittlung von Musik an ein möglichst breites und vielfältiges Publikum in der kreativen Nutzung von Orten stecken. Sie könnten in einer noch viel umfassenderen Größenordnung als bisher in den Blick genommen werden, um Begegnungen mit Musik zu gestalten, die sich sonst nicht ereignen. Den Möglichkeiten sind diesbezüglich kaum Grenzen gesetzt. Avri Levitan, Bratschist und künstlerischer Leiter des Musethica-Projekts, das Musik an Orte bringt, wo sie sonst nicht zu hören ist, hat das aus der Perspektive des Musikschaffenden kürzlich folgendermaßen formuliert: »Es gibt genug Publikum auf dieser Erde für klassische Musik, das muss vielleicht nur anders organisiert werden.«[11]

9   Infos zum Werk: https://www.ricordi.com/de-DE/News/2019/04/Neuwirth-Die-Stadt-ohne-Juden-Interview.aspx?search=stadt%20ohne%20juden [zuletzt: 24.01.2025].

10 Näheres zum Schaffen von Johannes Kalitzke unter: https://www.boosey.com/composer/Johannes+Kalitzke?sl-id=2 [zuletzt: 24.01.2025].

11 Jan Hendrik Maier, »Musik ist ein menschliches Grundbedürfnis« (Interview mit Avri Levitan), in: *Concerti*, 23.8.2022, unter: https://www.concerti.de/interviews/blickwinkel-avri-levitan/ [zuletzt: 24.01.2025].

Avri Levitan

Das Musethica-Projekt

Es hat mich sehr gefreut, als ich die Einladung erhielt, diesen Artikel zu schreiben, um über meine Erfahrungen zu berichten, wie es ist, Musik an verschiedensten Orten für ganz unterschiedliche Publikumsgruppen zu spielen. Während ich diesen Text schreibe, hat Musethica, die Organisation und das Programm, das ich vor zwölf Jahren mitbegründet habe, bereits mehr als 3.700 Konzerte in 13 Ländern gespielt, hauptsächlich für Menschen, die nie zuvor Gelegenheit hatten, klassische Musik zu hören. Das anspruchsvolle Repertoire der Musethica-Konzerte setzt sich aus Kammermusik- und Solostücken für Streich- und Blasinstrumente zusammen. Rund 600 junge Musiker:innen und Ensembles sowie 70 Dozent:innen aus der ganzen Welt haben bisher an dem Projekt teilgenommen, und ihre Zahl wächst kontinuierlich weiter. Ich bin durchaus stolz auf diese Erfolge und möchte gerne einige der vielen Erfahrungen schildern, die sich auf die Fragen dieses Buches beziehen. Sie stellen sowohl für die am Projekt beteiligten Musiker:innen als auch für die Zuhörer:innen einzigartige Erlebnisse dar.

Die Geburt einer Idee

Ich erinnere mich an den Moment, als ich 1997 auf der Treppe des Pariser Nationalkonservatoriums saß und auf die Ergebnisse des Wettbewerbs wartete, an dem ich gerade teilgenommen hatte. Als die Jury verkündete, dass ich den ersten Preis gewonnen hatte, der mir die Teilnahme an dem renommiertesten französischen Programm für fortgeschrittene Studien der Aufführungspraxis ermöglichte, war es eine große Ehre für mich. Das war genau das, was ich mir gewünscht hatte: viele Konzerte geben, wie es auch die meisten meiner Freund:innen und Kolleg:innen taten. Ich würde die Chance erhalten, ein besserer Interpret zu werden und mir dafür je nach Programm geeignete Lehrer:innen am Konservatorium auswählen zu können, während ein Vollstipendium meinen Lebensunterhalt sicherte. Sogar finanzielle Hilfe bei der Anschaffung eines Instruments oder eines Bogens war in dem Wettbewerbspreis beinhaltet. Was kann ein junger Interpret sich mehr wünschen? Ich glaube, genau das ist es, was sich die meisten angehenden Musiker:innen von einem solchen Förderprogramm versprechen: die eigenen Auftritte vervollkommnen zu können.

Im Allgemeinen umfassen solche Programme für die Praxis des Auftretens auf der ganzen Welt den Einzelunterricht bei einer/einem Professor:in, Proben mit anderen Spieler:innen, vielleicht etwas Theorie und einige zusätzliche Kurse für neue oder alte Musik. Falls Sie sich fragen, welche Rolle dabei dem Üben der Aufführungssituation zukommt: Nun, die einzige Auftrittsmöglichkeit, die in der Regel von den Musikhochschulen angeboten wird, ist das Klassenkonzert. Das heißt, die Schüler:innen stehen vor ihren Kommiliton:innen und vor ihrem Lehrkörper und führen das Repertoire auf, das sie in den Monaten zuvor vorbereitet haben. Wie oft findet ein solches Konzert statt? Normalerweise zweimal im Jahr, in jedem Semester eines. Selten organisieren einige Lehrkräfte solche Klassenkonzerte einmal im Monat oder gar häufiger. Die Frage, die am Ende bleibt, ist: Für wen spielen wir? Sind das genau jene Zuhörenden, denen wir unsere Musik künftig vermitteln wollen? Besteht unser Interesse darin, diesen speziellen Moment mit anderen Studierenden in der Aula der Universität zu teilen?

Normalerweise geht das Interesse in eine andere Richtung. Wenn Sie junge Musikstudierende nach ihren Gefühlen bei den Klassenkonzerten fragen, wird eine große Mehrheit sicher sagen, dass es eine der schrecklichsten Erfahrungen überhaupt ist. Warum ist das so? Meiner sehr langen Erfahrung als Studierender und mittlerweile auch als Lehrender in diesem Bereich nach, kann die Leistung auf diese Weise nicht nur nicht verbessert werden, sie wird sogar noch schwerer erreicht. Hauptgrund sind der Konkurrenzdruck und das Vergleichen der eigenen Leistung unter den Bedingungen eines Wettbewerbs, den junge Studierende während solcher Veranstaltungen erfahren. Dazu kommt, dass der Antrieb in diesem Moment oft nicht aus dem Wunsch herrührt, die Musik zu teilen, sondern aus dem Willen, die Zuhörenden zu beeindrucken, den Respekt der Mitmusiker:innen zu erlangen und bestimmte Leistungspunkte zu bekommen. All diese Beweggründe blockieren den Geist der Musiker:innen wie auch die intuitive Kunst ihres Spielens und Interpretierens.

In unserer Funktion als Interpret:innen Klassischer Musik besteht die Arbeit hauptsächlich darin, ältere Notentexte längst verstorbener Komponist:innen zu studieren, die wir nicht persönlich kennen. Eigentlich kennen wir auch niemanden, der diese Menschen persönlich kannte, um ihre Musik den heutigen Hörer:innen authentisch näherbringen zu können. Der Notentext ist abstrakt, er lebt als Musik nur, wenn er aufgeführt wird. Wir müssen eine gute musikalische Vorstellungskraft haben, kombiniert mit sehr komplexen motorischen Fähigkeiten und musikalischem Wissen, um diese Aufgabe gut zu bewältigen. Da sich das Musizieren in einem sehr schnellen Prozess ereignet, in dem das Gehirn und der Körper involviert sind, müssen wir über automatisierte Fähigkeiten verfügen – ganz ähnlich wie beim Laufen oder bei vielen Ballsportarten. Bei den beschriebenen Klassenkonzerten, ebenso wie bei Auftritten in Wettbewerben oder bei Bewerbungen für einen Job werden diese intuitiven Bereiche nur selten erreicht.

Zurück nach Paris: Nach den ersten Momenten der Freude wurde ich mit der Realität des Programms konfrontiert, für das ich angenommen wurde. Ich konnte nicht aufhören darüber nachzudenken, dass es doch eigentlich genug Geld und Ressourcen geben müsste, um uns jungen Studierenden authentische Auftrittsmöglichkeiten zu verschaffen, durch die wir wichtige Erfahrungen sammeln könnten. Doch nichts in diese Richtung wurde tatsächlich umgesetzt. Ein paar Monate lang zu üben, Unterricht zu nehmen und dann ein großes Konzert in einem vertrauten Konzertsaal oder ein Klassenkonzert zu spielen, endete für mich im besten Fall damit, dass ich aufgrund von Nervosität und Stress vielleicht 30–40 % meines Könnens abrufen konnte.

Die Idee beginnt zu wachsen

Im Jahr 2008 bekam ich meine erste Professur an einem kleinen Musikinstitut in Spanien. Es gab dort wunderbare junge Musiker:innen auf hohem Niveau, Streicher:innen und großartige Lehrende mit internationalem Ruf. Und es gab dort auch ein Programm zur Aufführungspraxis – wie üblich ohne Aufführungen, ohne Konzerte. Ich begann damit, Leute von der Straße einzuladen, Leute, die unter unserem Fenster saßen. Sie kamen zu uns, um den jungen Musiker:innen zuzuhören. Anstatt also nur für uns, die Lehrkräfte oder Schüler:innen, zu spielen, wurden die Studierenden gebeten, auch vor den zufällig ausgewählten Kindern und Erwachsenen aufzutreten, die ich spontan eingeladen hatte. Die Schule befand sich in einem Viertel, das man als sozialen Brennpunkt bezeichnen kann. Die Menschen dort waren die ersten, die ich einlud, sich Kodály, Beethoven, Schönberg, Bach, Mozart und das ganze klassische Repertoire anzuhören.

Mir fiel sofort auf, dass sich vieles, woran wir mit den Studierenden hart gearbeitet hatten wie Rhythmus, Klangqualität oder Intonation, schneller verbesserte, wenn sie vor »Fremden« ohne musikalische Erfahrung auftraten. Sofort kam mir der Gedanke, dass diese Erkenntnis in das Studium der Aufführungspraxis als ein neues Modul einfließen sollte. Zusammen mit meiner Kollegin Carmen Marcuello, einer Nichtmusikerin und Professorin für Sozialwirtschaft, entwickelte ich ein Programm, bei dem die jungen Musiker:innen zusammen mit einer/einem Tutor:in eine Intensivwoche absolvieren, in der sie gemeinsam zwischen 10 und 14 Konzerte geben, und zwar in Krankenhäusern, Sonderschulen, Zentren für Erwachsene mit geistigen und körperlichen Behinderungen, Hospizen, Gefängnissen für Jugendliche und Erwachsene, Frauenhäusern, Obdachlosenheimen, psychiatrischen Einrichtungen einschließlich geschlossener Abteilungen, Seniorenresidenzen unter anderem mit Schwerpunkt auf Demenz, Kindergärten und Schulen für Kinder von einem Jahr bis 18 Jahren – alles Orte, an denen solche Musikaufführungen sonst nicht üblich sind.

Auch dabei stellten wir fest, dass sich die musikalischen sowie technischen Ansätze der jungen Musiker:innen schnell verbesserten, wenn sie vor einem nicht sachkundigen Publikum spielten. Wir erlebten aber auch die positiven Effekte dieser Live-Konzerte auf die Zuhörenden, die gesundheitlichen und sozialen Nutzen aus den für sie berührenden Erfahrungen ziehen konnten. Es entstanden intensive Wechselwirkungen, die den Studierenden jedes Mal aufs Neue bewusst machten, warum es wichtig ist, als Musiker:in diese Kunst zu erlernen. Die größte Überraschung dabei war für mich der soziale Gewinn bei solchen Live-Konzerten. Die meisten der positiven sozialen Effekte hatte ich nicht geplant und nicht erwartet. Der Zuspruch des jeweiligen Publikums war jedenfalls erstaunlich. Schon kurz nach dem Start des Programms entdeckten wir, dass es einen direkten Zusammenhang zwischen der Qualität der Interpretation und der Aufmerksamkeit der Zuhörenden gab. Ob vor jungen autistischen Kindern, Gefangenen oder demenzkranken Menschen musiziert wurde – immer spielte die Aufführungsqualität eine große Rolle dabei, wie gut man die Zuhörenden erreichen konnte. So selbstverständlich das erscheinen mag – es hat uns überrascht. Wir haben dadurch die gängige Annahme widerlegt, dass klassische Musik nur einer kleinen Gruppe von Menschen zugänglich ist, die im entsprechenden Umfeld mit ihr aufwachsen.

Sehr bald wurden wir angefragt, unser »Musethica«-Programm auch in anderen Ländern zu etablieren, um Lehrende damit bekannt zu machen, mehr Studierende zu erreichen und das Modell langfristig in das traditionelle Hochschulsystem zu implementieren. Inzwischen ist es bereits Teil des Lehrplans an der Universität für Musik und darstellende Kunst in Wien sowie in der Einführungsphase an Musikhochschulen in Deutschland, Spanien oder Frankreich. Aktivitäten entfaltet Musethica seit 2012 außerdem in Israel, Schweden, Italien, Litauen, den Niederlanden, China, Norwegen, Finnland und Polen. Das Musethica-Modell ist einfach und gründet auf zwei Bereichen, die einander bedingen: einerseits der künstlerische Aspekt, zu dem die Auswahl der Musiker:innen, Dozierenden und des Repertoires gehört. Auf der anderen Seite der soziale Aspekt, der sich auf den Kontakt und auf die Zusammenarbeit mit den sozialen Einrichtungen bezieht. Dazu zählt auch die Organisation der Konzerte sowie Transport und Logistik für die mitwirkenden Musiker:innen und Dozent:innen. Alle Aufführungen werden den sozialen Einrichtungen kostenlos angeboten. Es wird eine Brücke geschlagen zwischen einer hervorragenden umfassenden Ausbildung für die jungen Musiker:innen und dem persönlichen Gewinn für Menschen, die sonst nicht in den Genuss von klassischen Musikaufführungen kommen. Beides gehört zusammen.

Das Musethica-Projekt zeigt zudem, dass Musik an fast allen Orten gespielt werden kann. Ein Raum, in dem ein Konzert stattfindet, kann klein, groß, hässlich oder schön sein – das spielt keine Rolle. Ausnahmen bilden allenfalls Orte, an denen die Akustik wegen ihrer Lautstärke so schlecht ist, dass es für die Zuhörenden wie für die Musiker:innen zu anstrengend wird. Da das Angebot an möglichen Konzertorten sehr groß ist, haben wir kein Problem, die jeweils passenden Orte auszuwählen. Eigentlich besteht die Herausforderung umgekehrt eher darin, dass es zu viele geeignete Orte gibt, für die wir nicht genügend Auftritte organisieren können, um sie alle zu bespielen. Das zeigt auch, dass es überall Publikum für klassische Musik gibt! Im Grunde gibt es in jeder Stadt oder Gemeinde im Umkreis von fünf Kilometern genügend »Konzertsäle«, also Musikorte, wo Musiker:innen auftreten können. Die Erfahrungen haben uns gelehrt, dass das Publikum sehr ähnlich reagiert, egal ob es in Saragossa, Berlin, Wien, Tel Aviv oder Peking zu Hause ist. Der kulturelle Hintergrund spielt für die Rezeptionshaltung und für die Aufmerksamkeit des Publikums offenbar keine Rolle. Hingegen ist die Qualität der musikalischen Aufführung entscheidend. Wenn sie nicht ausreicht, dann verlieren die Zuhörenden in der Regel schnell ihr Interesse.

In den Musethica-Konzerten gibt es nur sehr wenige Erklärungen oder Moderationen, bevor die Musik gespielt wird. Die Musik soll für sich selbst sprechen. So können die Zuhörenden in ihr eigenes Meer der Fantasie eintauchen, ohne notwendigerweise etwas über den Hintergrund der Komponist:in oder des Werkes zu wissen. Nach den Konzerten findet stets ein Gespräch mit dem Publikum statt. Dieser Austausch ist oft eine der berührendsten und bereicherndsten Erfahrungen sowohl für das Publikum als auch für die Musiker:innen. Die Zuhörenden äußern viele ehrliche Kommentare, Gedanken und Fragen. Das bringt die Musiker:innen oft in einen Dialog, der sie über vieles nachdenken lässt, was für sie bis dahin ganz selbstverständlich war, es aber auf einmal nicht mehr ist. Auch die Reaktionen der Mitarbeitenden in den sozialen Einrichtungen sind aufschlussreich. Oft sind sie vor dem ersten Konzert skeptisch, was den Erfolg der Aktion bei ihren Kindern, Patient:innen oder anderen Schützlingen betrifft. Sie sind besorgt, dass die Aufführung nicht gut aufgenommen wird, und befürchten, dass »ihre« Leute nicht länger als drei Minuten ruhig sitzen oder zuhören können. In solchen Fällen sind die begleitenden Lehrkräfte/Ärzt:innen/Arbeitenden nach den etwa 50-minütigen Konzerten mit anspruchsvollem Repertoire dann meist sprachlos, wenn sie miterleben, wie hoch die Aufmerksamkeit in der Regel ist. Sie entdecken ganz neue Seiten und Fähigkeiten »ihrer« Leute und lernen Neues über ihre Beziehung zu ihren »Schützlingen« und zu sich selbst.

Nach der Erfahrung vieler Jahre und mittlerweile tausender Musethica-Konzerte haben wir entdeckt, dass der Ort kaum einen Einfluss auf das Konzerterlebnis hat. Am wichtigsten ist die Haltung der Musizierenden wie der Zuhörenden, wobei das Zuhören weder für das Publikum noch für die Musiker:in eine leichte Sache ist. Das ist aber in der Philharmonie oder im Konzerthaus nicht anders. Die große Erkenntnis aus den Musethica-Konzerten ist: Die Musik erkennt die Wände nicht, innerhalb derer sie erklingt. Anders gesagt: Es braucht nicht unbedingt einen großartigen Konzertsaal, um ein emotional erfüllendes Musikerlebnis möglich zu machen. Wir haben in den Jahren des Musethica-Projekts erfahren, dass Momente eines authentischen und ehrlichen Zuhörens außerhalb des Konzertsaals sogar noch häufiger vorkommen können. Vieles in unseren Konzerten ist anders als bei den üblichen Konzertorten: Es gibt keine eleganten Kleider, kein glanzvolles Gebäude, kein schön gedrucktes Programm, kein festliches Abendessen und kein Glas Wein nach dem Konzert. Bei den Musethica-Konzerten geht es um das reine Musikerlebnis. Das Publikum interessiert sich normalerweise nicht dafür, wer du bist oder ob du die größten Wettbewerbe gewonnen oder gestern in einem berühmten Konzertsaal gespielt hast. Du musst nur in diesem Moment »schön« spielen, und zwar für die Menschen, die da sind. Es geht nur darum, die Musik zu teilen – dafür braucht es ehrliches Interesse an der Musik und Einfühlungsvermögen. Nach einer Konzertwoche in sozialen Einrichtungen findet immer ein öffentliches Konzert in einem der festen Konzertsäle der betreffenden Stadt oder Gemeinde statt. Zu diesem öffentlichen Konzert werden die Menschen aus den sozialen Einrichtungen ebenfalls eingeladen. Viele von ihnen kommen zum ersten Mal in den Konzertsaal ihrer Stadt, um sich das Abschlusskonzert von Musethica anzuhören.

Direkt nach dem ersten Musethica Kammermusikfestival im Sommer 2013 ereignete sich eine interessante kleine Geschichte, die mich viel über die Zukunft der Musik und des klassischen Musikbetriebs lehrte: Die etwa 20 Konzerte waren für alle Beteiligten sehr berührend und inspirierend gewesen. Am letzten Tag durften wir in einem Jugendgefängnis auftreten. Nach der Aufführung des Mendelssohn-Streichoktetts war das junge Publikum völlig außer sich vor Begeisterung, die sich in einem langen stürmischen Applaus entlud. Die Zuhörenden erzählten uns von ihren Emotionen: Einige wollten während des langsamen Satzes weinen und fühlten sich, während die Musik erklang, als wären sie außerhalb der Gefängnis-Mauern. Die Reaktionen waren für uns Musiker:innen überwältigend und machten uns in dem Moment klar, dass man genau dafür sein Bestes geben muss, um das Publikum auf diese Weise zu erreichen.

Am darauffolgenden Tag startete ich zu einer eigenen Konzerttournee, die nicht mit dem Musethica-Projekt zu tun hatte. Mit vier wunderbaren Kollegen sollte ich bei einer Veranstaltung des Bundespräsidenten ein Kammermusikprogramm spielen. Als wir am Tag vor der Aufführung im Hotel ankamen, hatten wir in dieser kleinen Stadt eigentlich nichts anderes zu tun als zu warten. Wieder dachte ich mir, dass es dort bestimmt Orte geben muss, wo wir unser vorbereitetes Programm schon einmal spielen könnten. Ich sprach mit unserer Konzertagentur über meine Idee und stieß dabei auf offene Ohren. Es bestätigte sich meine Vermutung, dass die meisten ernsthaften Musiker:innen froh sind, wenn sie während einer Tournee auch Konzerte in sozialen Einrichtungen spielen können und nicht für nur ein Konzert an einen Ort fliegen. Das macht heutzutage auch ökologisch mehr Sinn.

Ich glaube, dass sich solche Veränderungen mit der neuen Generation junger Musiker:innen- und Konzertagenturen bewerkstelligen ließen. Als ich während des abendlichen Konzerts beim Empfang des Bundespräsidenten feststellen musste, dass viele der

Anwesenden dem Programm mit einer Stunde Kammermusik von Johannes Brahms wenig Interesse und Aufmerksamkeit entgegenbrachten, schloss ich meine Augen und stellte mir vor, wieder für die Gefangenen zu spielen. So konnte ich meine Inspiration während des Spiels aufrechterhalten. Es ist falsch, zu sagen, dass wir Musik in soziale Räume bringen sollen. Musik ist an sich schon sozial. Vielleicht ist sie sogar die erste Form des sozialen Austauschs zwischen Menschen überhaupt.

Mustafa Akça

»Hasret gidermek« – »Sehnsucht stillen«

Orte der Musik, Orte der Sehnsucht

In meiner Kindheit, wenn die Schulferien begannen, packten meine Eltern das Auto bis oben hin voll und nahmen die Strapazen auf sich, mit uns vier Kindern in die Türkei nach Zentralanatolien zu fahren. Nach langer Reise dort angekommen, begrüßten uns unsere Opas und Omas und eine Schar von Tanten, Onkeln, Vettern und Cousinen. Dazu kamen viele nahe und auch nicht so nahe Verwandte. Es war eine große, weitläufige Familie, in die wir eintauchten. Dieses Begrüßen setzte sich eigentlich über die ganzen Ferien hinweg fort bis zum Tag unserer Rückreise. Wir wurden eingeladen in Häuser, Wohnungen, Gärten, Obsthaine, an Arbeitsplätze, an Orte drinnen wie draußen. Die Tische waren immer reich gedeckt, und die Erwachsenen unterhielten sich stundenlang.

Diese Unterhaltungen, nachdem man sich lange nicht gesehen hatte, nannte man »Hasret gidermek«, was übersetzt »Sehnsucht stillen« bedeutet. Für mich und die anderen Kinder waren diese viel zu langen Gespräche der Erwachsenen langweilig und hatten gar nichts mit unseren Sehnsüchten zu tun. Wir bekamen sie zwar mit, weil sie uns umgaben, aber konnten mit den Themen Heimat, Sehnsucht, Arbeit, Fernweh, fremdes Leben natürlich nicht viel anfangen. Es war für uns Kinder auch kein Pflichtprogramm, bei allem dabei zu sein. Man ließ uns laufen, und die verschiedenen Bedürfnisse und Anliegen bei diesen Zusammenkünften liefen nebeneinander her. Und dann, man konnte darauf wetten, während man noch in Gespräche oder Spiele vertieft war, holte irgendjemand ganz beiläufig und unauffällig die Bağlama hervor. Irgendwo abgehängt vom Haken an der Wand, hervorgezogen hinter der Couch oder beim Picknick im Freien aus dem Auto geholt erschien das Instrument, eine Langhalslaute, und jemand fing an darauf zu spielen. Seit Kindertagen ist mir die Bağlama vertraut, die ich damals nur unter dem Namen Saz kannte. Sie begleitete musikalisch die

Inhalte all der Gespräche, die darin enthaltene Melancholie, die Hoffnung auf ein besseres Leben, aber auch die Freude über das Zusammensein mitsamt dem Geschrei der Kinder.

All das geschah mit uns allen an diesem einen Ort und wurde durch das Saitenspiel zusammengehalten, begleitet und wiedergegeben wie ein Echo. Einen solchen Onkel, manchmal war es auch eine Tante, der oder die zur Saz griff, gab es in fast jedem Haushalt. Immer wieder kam auch Gesang vom Lautenspieler selbst hinzu, und spontan sangen auch Zuhörende die traditionellen Lieder über die Dramen des Lebens, die es überall gibt und die alle Menschen berühren. Sie sind universell, ob in einem Orangenhain in Anatolien gesungen wird oder in einem Opernsaal in Berlin. Bis zum Erklingen der Langhalslaute waren zuerst alle Anwesenden verstreut, unterhielten sich in der Küche, im Wohnzimmer, im Garten, jeder tat, was er gerade tat, und wir Kinder spielten überall. Nun kamen nach und nach alle zusammen und setzten sich in die Nähe der Bağlama, um ihren Klängen zu lauschen. Es war wie ein Ritual, mit dem man immer wieder sicher rechnen konnte und das uns allen, ob alt oder jung, auf spielerische und selbstverständliche Weise über die vertraute Musik ein gemeinsames Gefühl der Zugehörigkeit vermittelte.

Die Lebenswege und Lebensweisen der Menschen mögen sich, je nachdem ob sie in der türkischen Heimat geblieben oder der Arbeit wegen ins Ausland gegangen waren, sehr unterschiedlich entwickelt haben. Man traf sich höchstens einmal im Jahr in den Ferien im heimatlichen Dorf und hatte sich über die Zeit oft entfremdet. Die Bağlama jedoch schuf für uns alle einen gemeinsamen Klangort, der sich auch uns Kindern mitteilte und uns umhüllte. Es gab damit sozusagen einen Ort im Ort für alle, der uns über all die Unterschiede hinweg ein starkes Gefühl der Zusammengehörigkeit spüren ließ. Diese Erfahrungen aus der Kinderzeit leiten mich bis heute und sind die Grundlage meiner Arbeit, wenn ich von Musik für alle spreche. Ich brenne für das Schaffen eines immateriellen Ortes, eines Ortes der Musik, wo auch immer, zu dem jeder und jedem die Türen offenstehen.

Ebenfalls in meiner Kindheit und Jugend während der Ferien in der Türkei lernte ich den Dolmuş kennen und lieben. Ein türkischer

Dolmuş, wörtlich übersetzt »voll«, ist ein Sammeltaxi, das Menschen für kleines Geld von A nach B bringt. Wer im Türkei-Urlaub schon einmal mit einem Dolmuş gefahren ist, kennt die bodenständige Atmosphäre. Es ist eng, man befindet sich mittendrin und endlos läuft immer Musik von der Kassette für alle und jeden, ob man will oder nicht. Aber das ist hier nicht die Frage am gemeinsamen Ort der populären Musik. Wenn man als Fahrgast hinten sitzend seinen Fahrschein kaufen will, reicht man das Geld an die Fahrgäste durch den vollen Bus zum Fahrer hin und erhält auf demselben Weg das Wechselgeld und das Ticket. Diese alltäglichen Erfahrungen aus dem Heimatland meiner Eltern begleiten mich, seit ich 2011 an der Komischen Oper Berlin eine Stelle als Mitarbeiter der Dramaturgie antrat, und sie bilden die Grundlage vieler Ideen, die ich in den folgenden Jahren umzusetzen versuchte. Die Komische Oper Berlin, eine etablierte Institution der Hochkultur, reagierte mit meiner Stelle, die erst neu geschaffen werden musste, auf das sich verändernde Publikum in einer immer vielfältigeren Stadtgesellschaft. Ich wurde Programmleiter des Projekts »Selam Opera«, mit dem versucht wird, Menschen aus unterschiedlichen Kulturkreisen in den Opernsaal einzuladen und sie längerfristig an das Haus zu binden.

Schnell war mir klar, dass ich die Erlebnisse aus meiner Vergangenheit, die Teil meiner Identität sind, in diese Aufgabe miteinfließen lassen muss. Warum sollte es nicht auch anderen Menschen gefallen, was mir damals gefallen hat, was mich faszinierte und prägte und was in meiner Erinnerung immer noch nachhallt? Ich dachte mir, dass man den Musentempel der Hochkultur verlassen muss, wenn man die Menschen in den unterschiedlichen Milieus der Stadt erreichen will. Man muss sie neugierig machen, sie verlocken und sie dort abholen, wo sie stehen und leben. Es gilt herauszukommen aus der Komfortzone des Opernhauses und hineinzugehen in die verschiedenen Stadtteile, Kieze und Quartiere und vielleicht sogar über die Stadtgrenzen hinaus. Neben ihrem Vorstellungsprogramm am eigenen Ort sollte die Oper auch diesen Weg der Öffnung gehen, und zwar mit dem, was sie am besten kann, nämlich mit lebendigem, berührendem Musiktheater der großen universellen Dramen und Gefühle.

111

An dieser Stelle kommt nun die Idee des Dolmuş ins Spiel, dieses bodenständigen Transportmittels, das innerhalb unseres Projekts »Selam Opera« die Fahrt der Musiker:innen mit einem eigens konzipierten Musiktheaterprogramm zu den unterschiedlichen Orten in der Stadt übernommen hat. Selbstverständlich hat es innerhalb der Komischen Oper Berlin Zeit und einiges an Überzeugungsarbeit gebraucht, bis die Idee des Hinausgehens mit Künstler:innen in diesem sogenannten »Operndolmuş« gezündet hat. Das Konzept, mit einer verdichteten Kurzversion klassischer Opernmusik eine Geschichte aufzuführen und sie denjenigen Menschen nahe zu bringen, die niemals den Weg in ein etabliertes Opernhaus finden würden, wurde zunächst sehr skeptisch aufgenommen und stieß nicht überall im Haus auf Beifall, teilweise sogar auf Widerstand.

Mein Großvater Muzaffer erzählte manchmal eine Geschichte von Nasreddin Hodscha, einer türkischen Figur vergleichbar mit Till Eulenspiegel, mit dem Titel »Ya tutarsa« – »Aber was, wenn es doch klappt?« Sie illustriert ziemlich treffend die Überlegungen und den Arbeitsprozess während der Anfänge des Projekts. Dabei wird ähnlich wie bei Eulenspiegel mit humoristischen Mitteln der Gesellschaft ein Spiegel vorgehalten:

> Der Hodscha sitzt am Ufer des Akşehir-Sees und wirft Joghurt hinein.
> Ein Vorübergehender fragt erstaunt: »Was tust du denn da, Hodscha?«
> »Ich setze Joghurt an«, erwidert dieser.
> »Wie soll denn in einem See Joghurt entstehen?«
> »Ich weiß«, meint der Hodscha, »es ist unmöglich, es kann einfach nicht sein. Aber was, wenn es doch klappt?« »Ya tutarsa«.

Mit diesem Motto des Hodscha, einem »Aber was, wenn es doch klappt?« entwickelten wir im Team den roten Faden einer Geschichte für ein erstes musikalisches Programm, das ein breites Publikum über soziokulturelle und religiöse Grenzen hinweg ansprechen sollte. Welches universelle Thema würde sich mit Blick auf die Gattung Oper besser eignen als die Liebe? Auf der Grundlage dieses Themas wurde aus Arien und Duetten, entnommen dem Repertoire der Komischen Oper Berlin, ein 45-minütiges Programm zusammengestellt. Eine Sängerin und ein Sänger des Opernensembles und drei Musiker:innen aus dem Orchester bildeten eine mobile Einsatztruppe, die in den Operndolmuş steigen und zu ihrem Publikum hinausfahren sollten. Von der Inszenierung bis zur Wahl der Instrumente musste alles auf Mobilität angelegt sein, ohne dabei Abstriche bei der musikalischen oder szenischen Qualität zu machen. Eine Garantie für einen Erfolg gab es nicht. Sich bei anderen Musiktheatern etwas abzuschauen und von deren Erfahrungen zu profitieren, war nicht möglich, denn bisher gab es keine vergleichbaren Vorhaben.

Ich erinnere mich noch genau an die erste Station unserer Vorführung, als wir mit dem Projekt begannen. Es handelte sich um eine Begegnungsstätte für Senior:innen in Berlin-Kreuzberg. Im Vorfeld hatten wir uns viel Mühe gegeben, uns vermeintlich in das Publikum einzufühlen, neben Arien, Duetten, Opernszenen mit viel Ankündigungstexten und Erklärungen zu Fragen wie: Was ist eine Oper? Ein Orchestergraben? Ein Streich- oder Blasinstrument, etc.? Schnell waren wir uns alle einig, noch lauter als sonst zu singen, noch größer zu spielen, noch mehr zu erläutern und noch freundlicher zu sein. Angekommen an diesem für Musiktheater ungewöhnlichen Ort machten wir unsere Aufführung und unsere ganz eigenen Erfahrungen. Während der Darbietung schaute ich in zufriedene, zum Teil aber auch irritierte Gesichter. Die Rückmeldungen im anschließenden Gespräch waren meist positiv, jedoch teilte man uns auch unmissverständlich mit, dass wir zu laut, zu belehrend gewesen seien. Wir hatten die Senior:innen an diesem besonderen Ort unterschätzt, was ihre differenzierte Hörfähigkeit und ihre kulturelle Bildung anging, die sie im Laufe ihres Lebens erworben hatten. Jede:r der Zuhörer:innen wusste mehr über Musiktheater, als von uns angenommen. Was sie schätzten, war die Tatsache, dass wir uns die Mühe gemacht hatten, sie in ihrem »Wohnzimmer« zu besuchen. Eine türkeistämmige Bewohnerin der Begegnungsstätte bedankte sich bei mir, indem sie mir auf Türkisch sagte:»Ayağımıza kadar geldiniz« – »Bis zu unseren Füßen seid ihr gekommen.«

Seit über zwölf Jahren fahren wir nun mit unserem »Operndolmuş« durch die verschiedenen Bezirke und Kieze von Berlin. An jeder Stelle, sei es die Turnhalle einer Schule, das Vereinshaus einer Fußballmannschaft, der Boxring, die Wartehalle eines Flughafens, der Bolzplatz, ein Zelt irgendwo im Freien, eine Waschküche, und an vielen, vielen Orten mehr: In Kombination mit der jeweiligen Nachbarschaft ergibt sich etwas Neues, oft Unerwartetes. Die Konzeption der jeweiligen Stücke, die Geschichten, die sie erzählen, mit der dazugehörigen Musik sowie der Ausstrahlung der verschiedenen Musiker:innen machen aus der Aufführung jedes Mal etwas nie Gehörtes oder Gesehenes. Nach wie vor nehmen wir jede Anregung oder Kritik ernst und versuchen sie aufzunehmen. So wird nun in mehreren Sprachen gesungen, und mit der Zeit behandeln wir vielfältigere Themen. Wir haben verschiedene Formate entwickelt und konnten diverse Teams von Musiker:innen aufbauen.

Nicht in allen Fällen gibt uns das Publikum direkte Rückmeldungen. Das mag möglicherweise daran liegen, dass manche Menschen vom Musiktheater nicht angesprochen werden – eine Realität, die man anerkennen muss. Es kann aber auch sein, dass einige von ihnen mit aktionistischen kulturellen Angeboten Erfahrungen gemacht haben und enttäuscht worden sind. Manche Kultureinrichtungen oder Initiativen im Kulturbereich sind momentanen Ad-hoc-Strömungen gefolgt, um kurzfristiges soziales Engagement zu zeigen. Sie haben dieses Engagement jedoch nur halbherzig umgesetzt, dabei keinen langen Atem bewiesen und sind bald wieder verschwunden. Die Menschen spüren, wenn sie instrumentalisiert werden. Sie sind höflich, applaudieren, bedanken und verabschieden sich kommentarlos lächelnd. Damit zeigt sich im negativen Sinn, dass unsere Idee sie nicht erreicht, weil wir ihre Herzen nicht erreichen. Nur wenn wir unser Projekt langfristig anlegen, authentisch bleiben und unser Publikum ernst nehmen, wird unser Engagement auf lange Sicht wertgeschätzt.

Wie für den gesamten kulturellen Bereich im Land stellte die Zeit der Pandemie eine besondere Herausforderung für unser Musiktheater-Projekt dar. Die bereits seit Längerem praktizierte Offenheit ungewöhnlichen Orten gegenüber sowie Experimentierfreude gegenüber verschiedenen Musikrichtungen, Aufführungspraxen und Formaten halfen der Komischen Oper bei Auftritten, sowohl drinnen wie draußen flexibel zu reagieren und adäquate Maßnahmen zu ergreifen. Die Grundfrage, ob eine Pandemie überhaupt der richtige Zeitpunkt für Musik und Musiktheater ist, wurde schnell beantwortet. Als Botschafter des Hauses wollten wir das Kulturerlebnis auch während einer Pandemie zu den Menschen bringen und musikalische Begegnungen (auf Abstand) ermöglichen. Das Team von »Selam Opera« mit seiner Erfahrung war prädestiniert dafür, auf diese Herausforderungen zu reagieren. Es hatte durch seine Praxis mit dem Operndolmuş an vielen Orten in der Stadt ein breites Netzwerk geknüpft und spezifische Ortskenntnisse erworben. Wie kann das Erleben von Oper oder Musiktheater in einer Pandemie möglich sein? Wie kann man Kontakt herstellen, wenn man auf Abstand bleiben muss? Wo kann die Komische Oper Berlin auftreten, sodass Zuschauer:innen und Musiker:innen sicher sind?

Das alles waren Fragen, die beantwortet werden mussten, und die Komische Oper, obwohl ein etabliertes und manchmal etwas schwerfälliges Haus, entwickelte zügig und gemeinsam ein Format, das sich »Komşu Dolmuş« nannte, übersetzt etwa »voll mit Nachbar:innen«. Dabei wurden die Menschen zu Hause in ihren Hinterhöfen aufgesucht und zu einem kleinen Konzert eingeladen. In Kooperationen mit langjährigen Netzwerkpartner:innen und Berliner Bürger:innen wurden die einzelnen Höfe ausgewählt. Bis in den Herbstanfang 2020 hinein besuchte das Team die verschiedenen Nachbarschaften. Den Bewohner:innen wurden die Konzerte per Hausmitteilung über die Briefkästen und mit Aushängen mitgeteilt. Die Veranstaltungen fanden dann unter Einhaltung der Hygienevorschriften des Berliner Senats statt. Das rund 30-minütige Programm griff mit dem für die Komische Oper Berlin typischen Augenzwinkern aktuelle Fragen in der Pandemie auf. Der *Barbier von Sevilla* erinnerte zum Beispiel an den so dringend herbeigesehnten Friseurbesuch, Mischa Spolianskys *Einmal möcht' ich keine Sorgen haben* drückte gleichermaßen Verunsicherung wie Hoffnung aus, und Barış Manços *Dağlar Dağlar* erzählte von der Sehnsucht, endlich wieder mit geliebten Menschen vereint zu sein. Alle Anwohner:innen waren dazu eingeladen, den Konzerten vom eigenen Fenster oder Balkon aus beizuwohnen und den »Komşu Dolmuş« auf Abstand und doch ganz unmittelbar zu erleben. Ganz wichtig war uns die direkte, sinnlich erfahrbare Aufführung von Musiktheater in diesen kontaktarmen Zeiten und damit der bewusste Verzicht auf digitale Medien und Musik aus der Dose.

Zwei Ensembles, bestehend aus jeweils drei Musiker:innen und zwei Sänger:innen, fuhren schließlich von Juli bis September 2020 wöchentlich in die Stadtviertel, um ein Signal der Solidarität in die Berliner Nachbarschaften zu senden. Wichtig war uns ebenfalls, dass wir nach jedem Hofkonzert noch verweilten, um den Zuhörer:innen die Möglichkeit zu geben, mit den Musiker:innen und dem Projektteam ins Gespräch zu kommen. Da neben den Künstler:innen jedes Mal das gesamte Team aus Regie, musikalischer Leitung, Produktions- und Projektleitung anwesend war, diente diese Form des Austausches gleichzeitig auch dem Abbau von Schwellenängsten gegenüber der Institution Oper, einer Institution, die bei den meisten im Publikum weitgehend unbekannt war. Generell gibt es an den Orten, zu denen der Operndolmuş fährt, kein trennendes Podium. Die Grenze zwischen Künstler:innen und Publikum ist durchlässig, alle sind nah beieinander, befinden sich im selben Raum. Diese persönliche Ebene und Nähe baut in beide Richtungen Hürden ab und stärkt die interkulturelle Kompetenz sowohl bei den Zuhörer:innen als auch im Team. Das Team zum Beispiel verlässt seine spezifische Kulturblase und entwickelt durch den Austausch ein Gefühl dafür, welche Themen die Berliner Stadtgesellschaft bewegen.

Die Türen einer Institution der Hochkultur wie der Komischen Oper Berlin aufzustoßen, ist leicht und schwer zugleich. Genauso leicht und schwer ist es, an neuen, ungewöhnlichen oder noch nicht erschlossenen Orten Musik oder Theater zu machen. Es gibt einerseits Unsicherheiten und Überraschungen, andererseits aber auch eine Belohnung, indem es gelingt, einen öffentlichen, allen zugänglichen Ort der Musik zu schaffen. Unabdingbar dafür sind Menschen, die mit Ernsthaftigkeit die Verbindung zu ihrem Publikum am jeweiligen Ort suchen, ihm emotionale und authentische Inhalte bieten und bereit sind für gegenseitigen Austausch und gemeinsamen Genuss. Meine Erfahrung ist, dass, wenn man die Menschen dort abholt, wo sie sind, sie überall hin mitgehen, vor allem an einen gemeinsamen Ort der Musik.

Gunter Pretzel

Grand Vibe Station

Ein Projekt und seine Idee

Eine alte, denkmalgeschützte Industriehalle wird zum Instrument, gemeinsam zum Klingen gebracht von Musikern und Publikum. Die Idee entstand infolge meiner langjährigen Tätigkeit als Mitglied der Münchner Philharmoniker und meiner Beschäftigung mit Ebenen des Hörens sowie den Möglichkeiten, das Publikum auf andere Arten als im üblichen Konzertrahmen zu erreichen. Das Projekt fand Anklang bei den Verantwortlichen des Orchesters und wurde im Oktober 2024 im Rahmen von »Spielfeld Klassik«, dem Education-Programm der Münchner Philharmoniker, umgesetzt. In der Raum-/Klanginstallation tritt das gesamte Orchester auf. Hinzu kommen kammermusikalische Formationen, die ebenfalls von den Musikerinnen und Musikern des Orchesters gebildet werden. Gegen Ende wirken zusätzlich Schauspieler an der Aufführung mit.

Das Setting

Das Münchner Kulturzentrum »Gasteig« wird derzeit einer groß angelegten Renovierung und erheblichen Neugestaltung unterzogen. Mit davon betroffen ist der Konzertsaal und damit die Heimat der Münchner Philharmoniker. Als Ersatz wurde ein bestens geeigneter Ort gefunden, und in erstaunlich kurzer Zeit konnten hier alle ehemals im Gasteig beheimateten Institutionen ihre neuen Räume beziehen. Als Glücksfall und Glanzstück erwies sich der in Rekordzeit und mit vergleichsweise geringen Kosten erstellte große Konzertsaal, dessen gute Akustik sich in jedem Konzert wieder neu bewährt. Die Mischung aus gelungenem Wurf und zugleich der Aura einer temporären Installation weckt vor allem das Interesse einer jüngeren Hörerschicht.

Das optische und auch funktionale Herzstück dieses Ensembles bildet eine 100 Jahre alte, denkmalgeschützte Industriehalle, die dem neu errichteten temporären Konzertsaal als Foyer dient. Sie hat in ihrem Inneren Ähnlichkeit mit einer Kathedrale: ein hoher Mittelbau mit einer Glasdecke, an den Seiten tiefe Galerien in mehreren Etagen. Hier sind die Bibliothek und Räume der VHS München sowie die Garderoben untergebracht, hier trifft sich an einer Bar und in einem kleinen Restaurant das Konzertpublikum vor und nach den Aufführungen, und hier finden auch immer wieder kleinere Veranstaltungen statt.

In dem Projekt *Grand Vibe Station* sind nun auf einer dieser Galerien auf der einen Längsseite des Raumes sowie gegenüber auf einer erhöhten, durchlaufenden Empore sämtliche Streicher und Holzbläser des Orchesters in zwei langen Reihen aufgestellt, zu insgesamt 14 Ensembles geordnet. Jedem dieser Ensembles ist eine Projektionsfläche zugewiesen, deren Leinwände sich durch fast die gesamte Raumlänge spannen. Auf ihnen ziehen die Noten vorüber, die von den Musikern gespielt werden. Diese projizierten Noten sind in genau proportionalen Abständen dargestellt, sodass die Musiker sich durch einen durchlaufenden Cursor synchronisieren. Es werden dafür also weder ein Dirigent noch Notenpulte benötigt, die Musiker und Musikerinnen stehen frei vor dem Publikum. Die Projektionen wechseln zwischen der reinen Darstellung der Noten in zwei von den insgesamt vier Orchesterwerken, *Vibe I* und *Vibe IV*, und behutsamen Animationen in *Vibe II*. Damit sind diese Projektionen nicht nur für die Musiker konzipiert, sondern sollen auch dazu beitragen, das Publikum in die Musik hineinzuziehen. An der Stirnseite der Halle stehen in Höhe der ersten Etage Blechbläser und Percussion, eine kleine Bühne in Höhe der Empore gibt Raum für Harfe, Celesta und weitere Percussion sowie für den Dirigenten, der *Vibe III* und schließlich den Schlussakkord leitet.

Die Synchronisation der Musiker durch die Projektionen kann natürlich nur ungenau sein, diese Ungenauigkeit aber ist ein reizvolles und bewusst genutztes Element der komponierten Klänge. Dagegen gibt es aber auch präzisere Anforderungen an das Zusammenspiel, die entsprechenden Musiker werden durch einen In-Ear-Click synchronisiert. *Vibe III* ist im Unterschied zu den anderen Orchesterwerken eher »klassisch« komponiert im Sinne der traditionellen Orchesterformation. Hier wird ein Dirigent benötigt, und

Abb. 9: *Grand Vibe Station* im Gasteig HP8 in München

Abb. 10: *Vibe II* mit Dirigent Oscar Jockel

diese Notwendigkeit führt zu einer neu belebten Wahrnehmung des klanglich-musikalischen Geschehens durch das Publikum, unterstützt durch eine einfühlsame Lichtregie. Diese Lichtregie hat zwei Aufgaben zu erfüllen: zum einen die insgesamt eher unaufdringliche Intensivierung des Gesamterlebnisses, zum anderen aber auch die Aufrechterhaltung der Konzentration auf das Geschehen. Denn die Halle ist überakustisch, und schon vereinzelte Gespräche in den Randbereichen können das akustische Feld stark beeinträchtigen oder gar zerstören. So wird es nötig sein, vor allem die Kammermusik lichttechnisch zu fokussieren.

Die Musik

Den Rahmen des Programms bilden vier Orchesterwerke: *Vibe I–IV*, die für diesen Anlass und Ort komponiert wurden. Jedem dieser Werke liegt eine eigene Idee zugrunde:

– *Vibe I, »Grand Vibe Station«* (Komponist: GP). Eine großformatige Klanginstallation: wandernde Klänge, ein Spiel mit der auflösenden Akustik der Halle. Es baut sich ein mächtiger und immer changierender Gesamtklang auf, der dem Titel des gesamten Projektes entspricht.

– *Vibe II, »Spooky Bats«* (GP). Eine Geschichte aus der Entstehungszeit der Neugestaltung des gesamten Areals, des heutigen »HP8«. Ein Anwohner unternahm den Versuch, mit dem Hinweis auf die am Bauplatz lebenden Fledermäuse das große Bauprojekt zu Fall zu bringen. Eine aufwändige Suchaktion nach den geschützten Tieren verlief jedoch ergebnislos. Diese »spukenden Fledermäuse« treiben nun ihr Unwesen in dieser Musik, mit einem durchaus tragischen Schluss: Ihre Vernichtung lässt das gesamte Klanggebilde zusammenbrechen.

– *Vibe III, »Transforming Lights«* (Michael Gumpinger). Der Auftrag an den Komponisten war es, das Licht zum Klingen zu bringen, das durch das Glasdach hindurch diesen mächtigen Raum im steten Wechsel füllt.

– *Vibe IV:* »*Some To Come*« (GP). Hier geht es um die Menschen, die diese Halle neu beleben. Impro-Schauspieler tauchen im Publikum auf, jeder begleitet von einem Musiker oder einer Musikerin, die ein einprägsames Motiv spielen, welches einen bestimmten Charakter bezeichnet: eine Fröhliche, eine Melancholikerin, eine »Quasselstrippe«, jemanden, der sich vom Oktoberfest hierher verirrt hat, einen Philosophen und ein Paar mit einem jungen Hund. Die Impro-Schauspieler verkörpern diese Charaktere und beziehen das Publikum in ihre Aktion ein, es entsteht ein lärmendes Treiben. Dann wird es aber noch einmal ganz still, ein zarter, fast zerbrechlicher Klang, der dann immer mächtiger wird, sämtliche Musiker mischen sich nun unter das Publikum. Gemeinsam mit den Impro-Schauspielern animieren sie das Publikum zum Mitsingen, und schließlich vereinen sich alle unter der Leitung des Dirigenten in diesem machtvollen, von allen Anwesenden gesungenen und gespielten Schlussakkord.

Zwischen diesen Orchesterwerken, die zwischen sechs und neun Minuten dauern, tauchen mitten im Publikum an verschiedenen Stellen unterschiedliche Kammermusik-Formationen auf. Deren Repertoire umfasst Werke von Giovanni Gabrieli, Ernst von Dohnányi, Arthur Honegger, den Beatles, Steve Reich und anderen. Das Datum der Aufführung der Raum-/Klanginstallation *Grand Vibe Station* ist der 9. Oktober 2024. Zum Zeitpunkt der Veröffentlichung dieser Projektbeschreibung wird sie also bereits in der Vergangenheit liegen.

Die Umsetzung

Die Realisierung eines solchen Projekts ist mit vielen Unwägbarkeiten verbunden, es müssen viele Hürden überwunden werden. Im Fall von *Grand Vibe Station* war es ein langer Weg: Die hohen Kosten und ein großer, für ein Orchester ungewöhnlicher organisatorischer Aufwand angesichts einer nur einmaligen Aufführung ließen immer wieder an der Realisierbarkeit zweifeln. Aber es gab einen Satz, der über alle Widerstände hinweg trug: »Das ist genau das, was wir suchen!«, rief Christian Beuke, der Managing Director des Orchesters bei der ersten Präsentation des Entwurfs. Das mag lapidar klingen, aber dessen erwiesene Tragkraft deutet darauf hin, dass sich in diesen Worten wesentlich mehr verbirgt, als es zunächst scheint.

Es ist ja mittlerweile keine Neuigkeit mehr, dass ein Orchester sich derzeit anders legitimieren muss als noch gegenüber der letzten Publikums-Generation. Eigene Abteilungen wurden eingerichtet, deren Aufgabe es ist, neues Publikum einzuwerben. Kinderkonzerte und andere Vermittlungsformate sind keine nette Programm-Zutat mehr, sondern gelten inzwischen als unerlässlich für die zukünftige Existenz-Sicherung bislang ehrwürdiger philharmonischer Institutionen. Eine besondere Herausforderung besteht darin, kulturell anspruchsvolle junge Erwachsene für die Orchestermusik zu begeistern und über alle Altersgrenzen hinaus einen solchen Interessentenkreis zu gewinnen. Dies ist ein noch relativ junger Bereich, sodass es hier sicherlich noch vieles zu entdecken und zu erfinden gibt.

Etwas anderes, stärkeres aber scheint sich in dem Ausruf des Orchestermanagers mitzuteilen. Ist es übertrieben, so etwas wie eine Sehnsucht herauszuhören? Noch dazu aus den Worten des leitenden Managers eines international erfolgreichen und traditionsgesättigten Orchesters? Es ist die herausfordernde Aufgabe einer Orchesterleitung, ein fest gewordenes Bild mit immer wieder neuem Leben zu füllen, zu Selbstverständlichkeit geronnene Abläufe immer wieder spontan und wie einmalig erlebbar zu machen. Große, über alle Zeiten hinweg begeisternde Musik und die künstlerische Kraft großer Interpreten können dies geschehen lassen. Dennoch, eine solche Form des großen Musik-Erlebens, ein klassisches Orchesterkonzert, birgt fast immer auch das leise Empfinden eines Mangels, eines Sich-nicht-Einlösens. Wir ahnen es in dem Moment, wenn eine Musik verklungen ist und wir die Plätze verlassen. Ein Zurückfallen in sich selbst: Nebeneinanderher, einander fremd schiebt man sich zu den Garderoben und möchte doch eigentlich getragen sein durch Gemeinsamkeit, die keine Worte braucht. Was für eine Gemeinschaft ist das, das Publikum? Was für eine Gemeinschaft ist das in den Sälen heutiger Größe: Musiker und Publikum?

Natürlich, es ist noch immer die Gemeinschaft der Erlebenden. Und das Publikum ist immer im Spiel des Künstlers enthalten, als belebende, inspirierende, auch herausfordernde Kraft – durchaus auch mal seiner Eitelkeit. Aber die Gemeinschaft ist sehr abstrakt geworden. Jeder Laut eines nahe Sitzenden bedroht eine Stille, die der Musik nicht immer selbstverständlich war. Das konzertante Hören ist letztlich einsam oder allenfalls in Gemeinschaft mit noch einer zweiten Person erlebbar. Aber wer kennt nicht die innere Teilnahme, mit welcher wir die Bilder betrachten, in welchen Komponisten vergangener Zeiten am Klavier sitzen, eng umgeben von Freunden, deren nahes Hören sie unmittelbar trägt? Wie in der schönen Darstellung einer Schubertiade von Moritz von Schwind, die der Maler rückblickend aus der Erinnerung im Jahr 1868 gezeichnet hat? Es ist leicht sich vorzustellen, wie hier Hören, Spielen und Sprechen ineinanderfließen. Ein Sehnsuchtsbild? Sicher war es auch früher nicht so ideal, wie wir es uns ausmalen mögen. Aber hier geht es weniger um eine damalige Realität als um uns Heutige, um unseren Blick darauf. Und da scheint es etwas zu geben, was diese Menschen in unseren Augen auf das Engste miteinander verbindet. Wir wissen es kaum zu benennen, spüren aber deutlich, dass sich hieran unsere Sehnsucht entzündet. Ist es der Moment, das damalige Jetzt und das Bei- und Miteinander in diesem Jetzt? Welches für uns Betrachtende in einer uneinholbaren Ferne verloren ist?[1]

Es sind zweifellos die imaginierten Klänge der Musik, die die Vergänglichkeit dieses abgebildeten Moments so spürbar werden lassen. Fast möchte man sagen: Es ist ein Bild von Musik überhaupt. Denn Musik vergeht ja nicht nur im Augenblick des Erklingens, sie kommt zu sich ja auch immer nur zwischen Menschen: der Gemeinschaft der Hörenden – im Vergehen. Wir haben heute so leicht verfügbare Mittel, dem Vergehen scheinbar zu entgehen. Jedes hochgereckte Handy in einem Rockkonzert zeugt von diesem Festhalten-Wollen des durch die Musik umso intensiver erlebten Moments. Wir wissen alle, dass, wenn dieser Moment vergangen ist,

---

1   Bild unter: https://de.m.wikipedia.org/wiki/Datei:Moritz_von_Schwind_Schuber
tiade.jpg [zuletzt: 24.01.2025].

das kurze, digital konservierte Schnipsel ihn nicht ersetzen, ihn kaum mitteilen kann. Daher: Sollten wir nicht mutiger werden und das Vergehen zulassen, besser: es freilassen? Aber die Gemeinschaft suchen, die mit uns dieses Vergehen teilt? Kommen wir noch einmal zurück zu dem Projekt *Grand Vibe Station*:

Die Idee

Diesem Projekt lag ursprünglich die Absicht zugrunde, die »neue« Halle zu taufen, sie umzuwidmen von einer ehemaligen Industriehalle in einen Ort vielfältiger und inspirierender kultureller Veranstaltungen. Aufgrund erheblicher planerischer Vorarbeiten verzögerte sich jedoch die Aufführung und findet nun in einem Raum statt, der bereits mit diesem neuen Leben gefüllt ist. So kann aber die eigentliche Idee umso deutlicher hervortreten. Denn wie im Namenspatron »Grand Central Station« gibt es hier kein Publikum, sondern der Raum, das Ganze wird durch die dort Anwesenden zu einer erlebten Einheit. Dem riesenhaften Bahnhof im Herzen New York Citys liegt eine ständige Bewegtheit zugrunde, die einen erfasst, wenn man die mächtige Halle betritt. Unwillkürlich erliegt man deren räumlichem wie auch historischem Sog. Man verliert ein wenig den festen Boden unter den Füßen.

Bei *Grand Vibe Station* entsteht diese alles ergreifende Bewegtheit durch die großformatigen Video-Projektionen, auf welchen der stets ziehende Klang sichtbar wird und so ebenfalls diesen Raum ins Gleiten bringt. Das Publikum findet sich inmitten des Klangs, akustisch wie auch optisch, und kann sich darin frei bewegen. Und wie in einem immer flüchtigen Straßenleben tauchen an verschiedenen Stellen kleine Ensembles auf, mitten unter den Anwesenden, zu (im Wortsinn) »Passanten« gewordenen Konzertbesuchern. Und schließlich fällt auch zum Ende hin die letzte Schranke zwischen Hörern und Musikern, und alle gemeinsam füllen die Halle mit einem großen und überwältigenden, gesungenen wie gespielten Klang: Wir.

Da ist es: das große Wir, das große Hier und Jetzt.
Und: Es ist vergangen.

Kirsten Reese

Ortsspezifisches Komponieren für Räume und Menschen

Musikorte für viele

Einige allgemeine Bemerkungen vorweg: Nicht jede Musik kann und muss alle erreichen. Vorlieben und Interessen für bestimmte Musikstile sind unterschiedlich, und schon die individuelle Musiknutzung kann auch bei einer einzelnen Hörerin, einem einzelnen Hörer vielfältige Genres umfassen, die in unterschiedlichen individuellen Kontexten unterschiedliche Funktionen erfüllen: Unterhaltung, Entspannung, Anregung, Auseinandersetzung ... Die dazugehörigen *Musikorte* – Konzertsäle, Clubs, Philharmonien, Radio, Internetplattformen als virtuelle Räume – sind so vielfältig wie die Musik.

Keine Musik sollte vermittelt werden müssen, als wäre sie ›schwer vermittelbar‹ – »Musikvermittlung« sollte aber Berührungspunkte schaffen, um vielfältige Musikerfahrungen zu ermöglichen sowie möglicherweise auch eine Heranführung an weniger bekannte Musik anzubieten. Voraussetzungen hierfür sind der Zugang zu einer grundlegenden musikalischen Bildung für alle und die staatliche Förderung von Musik, die kommerziell nicht bestehen kann, die aber die kulturelle Vielfalt einer Gesellschaft bereichert. Also: Nicht jeder Musikort muss für alle konzipiert, sondern viele und diverse Musikorte sollten für unterschiedliche Hörergruppen imaginiert werden.

Ungewöhnliche Orte, ortsspezifisches Komponieren

Ich beziehe mich auf den Bereich, in dem ich künstlerisch (als Komponistin) und vermittelnd (als Hochschuldozentin, Kuratorin, Jury-Mitglied usw.) tätig bin, auf die zeitgenössische Musik und insbesondere die medienbezogene experimentelle Komposition und Klangkunst. An eigenen Arbeiten möchte ich exemplarisch aufzei-

125

gen, wie ortsspezifische Arbeiten, die sowohl die Räume als auch die an diesen Orten als Publikum anwesenden Menschen einbeziehen, eng verknüpft sind mit dem Kern der Komposition, der Aussage des Werks und dem zugehörigen schöpferischen Schaffensprozess selbst.

Die Arbeiten, die ich vorstellen möchte, können der Klangkunst zugeordnet werden, eine Kunstform, die sich seit den 1970er Jahren als Genre entwickelte bzw. als solches definiert wurde (und das sich seitdem veränderte und immer weiterentwickelte).[1] Für Klanginstallationen ist charakteristisch, dass sie für bestimmte Räume konzipiert werden. Oft sind dies bisher für Kunstveranstaltungen nicht genutzte, ungewöhnliche Orte, mit einer spezifischen Geschichte und Atmosphäre. Eines der ersten großen internationalen Klangkunst-Festivals, *sonambiente,* das 1996 in Berlin stattfand, bespielte zahlreiche Räume und Orte mit einer wechselvollen Nutzungsgeschichte, die charakteristisch waren für diese Stadt des Umbruchs. Max Neuhaus, einer der Pioniere der Klangkunst in den 1970er Jahren in den USA, bringt zum Ausdruck, dass von Beginn an auch eine Rolle spielte, wie über die neuen Orte ein neues Publikum die vorgestellte Kunst rezipieren würde. Mit seinen neuen Formaten wollte Neuhaus sich nicht nur vom erstarrten Musikbetrieb abgrenzen, sondern verknüpfte dies explizit auch mit dem Anliegen, sich an ein anderes Publikum zu wenden:

>»Traditionally composers have located the elements of a composition in time. One idea which I am interested in is locating them, instead, in space, and letting the listener place them in his own time. I'm not interested in making music exclusively for musicians or musically initiated audiences. I am interested in making music for people.«[2]

---

1   Zum Kontext der Genese des Begriffes s.: Andreas Engström & Åsa Stjerna, »Sound Art or Klangkunst? A reading of the German and English literature on sound art«, in: *Organised Sound – An international Journal of Music and Technology* 14 (2009–04), H. 1, S. 11-18.

2   Max Neuhaus, *Sound Works 1, Inscription,* Ostfildern – Stuttgart 1994, S. 34.

Neue Sparten bei Festivals der Neuen Musik

Drei meiner Arbeiten waren bei den Donaueschinger Musiktagen, dem weltweit ältesten und einem der renommiertesten Festivals für Neue Musik, eingeladen. Wie jede neue Entwicklung in der Kunst wurden auch Klangkunstarbeiten sowie andere experimentelle Formate jenseits von Aufführungen von Ensemble- und Orchesterwerken in Konzertsälen mehr und mehr integriert in etablierte Kunstmusik-Strukturen. Tradierte Festivals wie eben die Donaueschinger Musiktage oder die Wittener Tage für Neue Kammermusik richteten eigene Programmsparten für Klangkunst ein, es gab eigene Förderinstrumente in der freien Musikförderung usw. Diese neuen Formate bereicherten das traditionelle Angebot und sollten sicherlich auch dazu dienen, ein breiteres Publikum an das gesamte Festivalangebot heranzuführen. Aber sie wurden sukzessive als eigenständige, ernstzunehmende[3] Kunstformen rezipiert. Und umgekehrt wurden experimentellere Kompositionsformen mit raumbezogenen oder partizipativen Ansätzen mehr und mehr in die konventionelleren Konzertformate eingebunden.

Hallenfelder

Die Donaueschinger Musiktage werden seit 1921 abgehalten. Die Konzerte der Neuen Musik finden nicht an typischen Musikorten statt, sondern Jahr für Jahr in den zahlreichen Turn- und Mehrzweckhallen des Schwarzwaldstädtchens. Die Klang-Video-Installation *Hallenfelder* für ein Wellenfeldsynthesesystem mit 20 Lautsprechern und Videoprojektion, die 2006 gezeigt wurde[4], thematisiert diese »Musikorte«. Während eines Jahres besuchte ich neun ausgewählte Hallen und machte Audio- und Videoaufnahmen der Aktivitäten, die sonst das Jahr über in den Hallen stattfinden – so unterschiedliche Aktivitäten wie Blutspende, Zuchtviehversteigerung,

---

3   Wolfgang Rihm bezeichnete die Klangkunst Mitte der 1990er noch provokant als »Gartenzwerge der Musik«.

4   Fotos, Audio- und Videolinks unter: https://kirstenreese.de/hallenfelder.html [zuletzt: 24.01.2025].

Imkertreffen, Abiturprüfung, Städtepartnerschaftsjubiläum, Fastnachtsfeier und verschiedenste Sportveranstaltungen.

In der Komposition standen einerseits die leeren Hallen und ihre »stillen« Klänge im Mittelpunkt. Auch wenn sie leer sind, haben sie einen spezifischen Klang und sind nie wirklich still: Durch die Raumresonanz gefärbtes Lüftungsrauschen, Strombrummen, das Knacken der Lichter und gefiltert hereindringende Geräusche von Autos oder Flugzeugen, entferntes Hämmern, Kirchenglocken und spielende Kinder sind wahrnehmbar. Die leeren Hallen haben eine »Aura«, sie stehen für das Potenzial der Möglichkeiten der »Mehrzweckhallen«, die sich eben dadurch auszeichnen, dass sie auf verschiedene Weisen genutzt und mit unterschiedlichen Inhalten gefüllt werden können. Die Atmosphäre leerer Räume rührt nicht zuletzt daher, was früher in ihnen stattgefunden hat bzw. heute immer wieder dort stattfindet.

In die Stille und Leere fließen in der Installation akustische und visuelle Momentaufnahmen von Veranstaltungen in den Hallen ein, die in den jeweiligen Räumen stattfinden, wenn nicht Musiktage sind. Dabei überwiegt das Auditive, während die Bilder oft statisch bleiben, sodass die Wahrnehmung auf das Hören konzentriert wird. Zudem laufen Bild und Ton nicht immer parallel, sodass Bilder und Klänge ab und zu quasi geisterhaft über die Leinwand bzw. durch die Lautsprecher huschen. Die konkreten Aufnahmen der leeren Hallen und der Veranstaltungen wurden verdichtet, abstrahiert und »musikalisiert«. Aus den Klängen eines Badmintonspiels oder dem Gemurmel einer Menschenmenge lassen sich musikalische Elemente extrahieren: Rhythmen und Tonhöhen und formale Elemente wie Wiederholung, Variation, Steigerung und Beruhigung. Diese klassischen Kompositionsparameter werden innerhalb kleiner Motive, innerhalb der längeren Abschnitte der neun nacheinander präsentierten Räume und in einem einstündigen Gesamtbogen eingesetzt. Ähnliches galt für die visuelle Ebene: Lampen, Schalter, Ballkörbe, geometrische Spielfeldmarkierungen am Boden und die symmetrische Anlage der Hallen selbst – über ihre Funktion hinaus werden sie zu Formen, die miteinander korrespondieren.

Trotz der Abstraktion transportierten die Klänge und Bilder weiterhin vielfältige Bedeutungsebenen. Die Besucher:innen fanden unterschiedliche Anknüpfungspunkte, sowohl das ortsansässige Publikum als auch die von auswärts angereisten Musikspezialist:innen. Denn die Installation ist ortsspezifisch auch im Hinblick auf die zwei distinkten Publikumsgruppen, an die sie sich richtet. Nicht nur die Donaueschinger, sondern auch die von auswärts kommenden Festivalbesucher (von denen ja viele regelmäßig nach Donaueschingen reisen und über die Jahre die unterschiedlichsten Konzerte in den Hallen erlebt haben) kennen die dargestellten Räume, haben sich in ihnen aufgehalten. Es entsteht eine gegenseitige Referenz von körperlicher und medialer Präsenz und eine implizite Gegenüberstellung der unterschiedlichen sozio-kulturellen Kontexte. Trotz der Ortsbezogenheit ist *Hallenfelder* aber kein Porträt der Mehrzweckhallen Donaueschingens. Hallen und Säle, in denen Sportveranstaltungen, Karneval, Vereinsfeiern usw. stattfinden, gibt es überall, die Donaueschinger Hallen sind insofern nichts Besonderes. Die Ereignisse sind – wie die Musiktage – einzigartig und wiederholen sich zugleich immer wieder, je nach Perspektive und der Bedeutung, die sie für die Beteiligten oder Beobachtenden haben und die ihnen auf einer persönlichen und kulturellen Ebene zugewiesen werden. In *Hallenfelder* werden die Musikorte des Neue Musik Festivals als Alltagsorte[5] präsentiert, die künstlerisch überhöht werden. Die Besucher:innen sind eingeladen, ihre Perspektive einzubringen und sich auf das Wechselspiel zwischen Referenzialität und künstlerischer Abstraktion einzulassen.

Klangkunst en passant

Die Klangkunst-Sparte des Donaueschinger Festivals wird von den Menschen vor Ort sehr gut angenommen. Die Leute kommen in die Klangkunst-Ausstellungen, weil sie eben »zugänglich« sind, sie können ihrer Neugier für diese fremdartige Kunst nachgehen, ohne Eintritt zu bezahlen und ohne den Zwang, einige Stunden bleiben

---

5   Kirsten Reese, »›Experiment Wirklichkeit‹ – Komponieren zwischen Realität und Medialität«, in: *Positionen* 70 (Februar 2007), S. 18-20.

zu müssen (wie im Konzertsaal). Viele Klangkunstarbeiten werden im großen Schlosspark gezeigt und werden beim Sonntagsspaziergang »flanierend« und »en passant« erlebt. Meiner Erfahrung nach reagieren Menschen auf Klanginstallationen, vor allem wenn sie im öffentlichen Raum beim Aufbau oder bei Proben und technischen Tests auf sie stoßen, mit großer Offenheit. Sie sprechen die Künstler und Technikerinnen an, stellen Fragen, kommentieren und schlagen Verbesserungen vor, in einer Weise, wie es bei Werken klassischer Musik kaum denkbar wäre. Abgesehen davon, dass es weniger Gelegenheit gibt, informell ins Gespräch zu kommen, herrscht hier oft das von Nicht-Musiker:innen vielfach zum Ausdruck gebrachte Gefühl vor, »davon nichts zu verstehen« (was meines Erachtens falsch ist, denn Nicht-Musikprofis haben oft ein intuitives Gespür für die Stimmigkeit einer Komposition, auch in der Neuen Musik).

Debatte

Eine weitere Arbeit für Donaueschingen realisierte ich 2013 gemeinsam mit dem Regisseur Enrico Stolzenburg. Während mich bei *Hallenfelder* die Turnhallen-Orte fasziniert hatten und zum Thema der Arbeit geworden waren, schlug für diese Installation Armin Köhler, der künstlerische Leiter des Festivals, als Raum den Ratssaal im Rathaus Donaueschingen vor. *Debatte* ist eine 24-kanalige Klanginstallation[6], die die Stimme und ihre Hörbarkeit im Prozess gesellschaftlicher Kommunikation zum Thema hat. In *Debatte* erklingen Stimmen als verständliche Sprache oder Sprachfragmente, das gesprochene Wort erklingt als Rede, Appell, Reflexion, Agitation, Predigt, in einem Tribunal/öffentlichen Verhör, als Diskussion, im Gespräch – historische Dokumente, Medienmitschnitte und Interviews lieferten das Ausgangsmaterial.

Debatte ist eine ortsspezifische Arbeit, weil sich die Installation zum Raum, zur Funktion des Ratssaals – der heute nicht mehr als Versammlungsraum, sondern für Festlichkeiten genutzt wird – in

---

6   Fotos und Videolinks unter: https://kirstenreese.de/debatte.html [zuletzt: 24.01.2025].

Beziehung setzt, aber auch, weil historische Texte mit lokalem Bezug und Interviews zu lokalen Begebenheiten eingebunden waren. In der 50-minütigen Komposition erklingen, reinszeniert mit Schauspielerstimmen, Auszüge aus einer Debatte am 10. November 1911 im Reichstag in Berlin, die anlässlich der sogenannten »Daily Telegraph-Affäre« über das »persönliche Regiment« des Kaisers stattfand. Während dieser Debatte (sie kreiste um das heute wieder aktuelle Thema Deutschland und Europa und die Kriegsgefahr) befand sich Wilhelm II. zur Jagd in Donaueschingen. Es kommen Auszüge einer Predigt von Heinrich Feurstein vor, auf den Enrico Stolzenburg und ich über Straßen- und Gebäudenamen aufmerksam wurden. Wir recherchierten im Stadtarchiv und sprachen mit einem Zeitzeugen, der als Kind in der Stadtpfarrkirche St. Johann die Neujahrspredigt des Stadtpfarrers Feurstein 1943 hörte, in der dieser die Euthanasie verurteilte und die er in dem Wissen hielt, dass die Nationalsozialisten ihn dafür ins KZ bringen würden, wo er wenige Monate später tatsächlich starb. Wir führten ein Interview mit Prof. Dr. Günther Reichelt, Naturschutzaktivist, der durch sein Engagement eine durch den Schwarzwald führende Autobahn verhindert hatte. Andere Themen hingen mit unseren Familienbiografien zusammen oder mit Material aus früheren professionellen Zusammenhängen, zum Beispiel Bertolt Brechts Aussagen vor dem »House Committee on Un-American Activities«, Washington D. C. 1947, die letzte Rede Salvador Allendes am 11. September 1973 in Santiago de Chile in deutscher Übersetzung auf einer DDR-Schallplatte; Christa Wolfs Rede auf dem Alexanderplatz Berlin 1989 u. a. Diese Reden bzw. die Berichte darüber können Menschen im Publikum je nach Lebensalter noch miterlebt haben. Des Weiteren gab es Beiträge zu aktuelleren Themen wie die Rede von Semiya Şimşek auf der Gedenkveranstaltung für die Mordopfer der NSU im Konzerthaus Berlin 2012; ein Mitschnitt der Störaktion von Márton Gulyás im Ungarischen Theater Budapest 2013; auf YouTube mitgeschnittene Proteste auf dem Tahrir Platz Kairo 2011 und dem Taksim Platz, Istanbul 2013, Ausschnitte aus einer Radiodebatte im Deutschlandradio zu Flüchtlingen aus Syrien am 11. August 2013 und Beiträge zu *#aufschrei* (MeToo-Debatte) auf Twitter. Diese verdichtete und künstlerisch-subjektive Auswahl an bedeutsamen Debatten ging von der Annahme aus, dass die Zuhörer unterschiedliche Aspekte der Beiträge mit ihrer individuellen Erfahrung und ihrem persönlichen Erleben würden verknüpfen können. Wir alle teilen in verschiedenen Schnittmengen Informationen und Meinungen, und die Debatten kommen über die Medien in unser Wohnzimmer: Die Welt strömt auf uns ein.

Debatte setzt sich mit der Frage auseinander, was eine Stimme über die Bedeutung der Worte hinaus aussagt, wie sich historische, soziale, persönliche Kontexte vermitteln. Wie drückt sich Nachdenken, das Ringen darum, seine Gedanken angemessen auszudrücken, das Zögern, Hinterfragen aus? Es geht um den Klang der Stimme, um Duktus, Sprachmelodie, Rhythmus, Pausen, um die Struktur der gebildeten Sätze. Die Stimme transportiert den Charakter und die Erfahrungen einer Person. In die Installation eingebunden war ein Gespräch mit der Psychoanalytikerin Lilli Gast darüber, wie Menschen in öffentlichen Situationen ihre Stimme erheben – zum Beispiel die Frau bei der Wende-Demonstration auf dem Magdeburger Domplatz, die nach Jahrzehnten des Schweigens zum ersten Mal ihre Stimme erhebt und deren Stimme, immer noch leise, dies mit ungefilterter Emotionalität zum Ausdruck bringt.

Wie in *Hallenfelder* wurde in *Debatte* mit konkretem Material komponiert. Neben der strukturellen Arbeit mit dem Stimmmaterial durch Auswahl von Aussagen, Aufspaltung von Sätzen und deren Verräumlichung und Überlagerung in verschiedenen Lautsprechern und kontrapunktische Gegenüberstellung von Stimmen fand eine Inszenierung für diesen Raum statt, wie wir ihn vorfanden: Die Anordnung der Stühle und Tische im Ratssaal stellte aussagekräftige Kommunikationssituationen dar: Ein Halbkreis mit 15 Stühlen (Debatte), gegenüber ein Tisch mit einem (präsidialen) Stuhl, an dem nochmals vier Stühle stehen (Tribunal, Verhör). Zwei weitere, getrennte Situationen – ein Tisch mit vier Stühlen (Konversation, Gespräch) und drei einzelne Stühle nebeneinander (Beobachter). Wir bespielten den Saal aus einem Nebenraum, stellten ein Megafon auf, leisere Stimmen – solche die zögern und vielleicht kein Gehör finden, früher an den Rand gedrängt wurden – erklangen aus holzvertäfelten Wänden und durch Transducer, die unter den Tischen und an einem Aktenordner angebracht waren.

Eine Rede (Christa Wolf 1989) wurde nach draußen auf den Platz vor dem Rathaus geroutet, sodass dort einmal in der Stunde für ein paar Minuten ein Redeauszug zu hören war. Beeindruckend war die Wirkung der Interaktion des Publikums mit dieser Rauminszenierung. Die Hörer:innen schauten sich im Saal um, setzten sich an die Tische. Die körperlosen, oft historischen Stimmen bekamen einen Körper, und zwar den der/des an dem Lautsprecher, aus dem die Stimme erklang, sitzenden Hörerin/Hörers. Wenn viele Menschen im Saal waren, wirkte es, als würden alle einer Versammlung beiwohnen. Das Publikum wurde Teil der Inszenierung. Viele Menschen hielten sich lang im Aufführungsraum auf, lasen in einem Reader mit Texten und Quellen sowie Hinweisen auf politische Hintergründe, hörten intensiv zu, beobachteten andere Hörer:innen. Die künstlerische Arbeit bot die Möglichkeit einer ernsthaften Auseinandersetzung, lud ein, der Bedeutung der Worte zu folgen, aber auch die atmosphärischen Charakteristiken des Aufführungsraumes und ihr Zusammenspiel mit den verräumlichten, komponierten Klängen auf sich wirken zu lassen.

Neglou

Die performative Installation *Neglou* für Unterwasserklang und Trompete wurde 2019 bei den Donaueschinger Musiktagen aufgeführt[7] und bot einen ganz besonderen Erfahrungsort für Musik: Das Publikum hört im und unter Wasser. Wieder wurde ein passender Ort gefunden, eine etwas außerhalb der Stadt gelegene kleine Schwimmhalle einer Rehaklinik. Eine bodentiefe Fensterfront bot einen sehr schönen Blick über einen sanften Höhenkamm in Richtung Donaueschingen.

Schon im Eingangsbereich zum Bad räsonierten mobile Lautsprecher aus den Stahlschränken der Damen- und Herren-Umkleiden. Im Schwimmbadraum spielte eine 30-minütige Komposition unter Wasser, installiert über vier große und sechs kleine Speziallautsprecher im Becken. Zwei Lautsprecher füllten auch den Raum

---

7   Fotos, Audio- und Videolinks unter: https://kirstenreese.de/neglou.html [zuletzt: 24.01.2025].

über Wasser mit Klang, ein Trompeter agierte als Körper, als musizierender, sich ausdrückender Mensch im Raum.

Neglou beginnt mit Luft- und Geräuschtönen der Trompete, die per Funkmikrofon unter Wasser geroutet werden. Der Trompeter bewegt sich mit musikalischen und szenischen Aktionen im Schwimmbadraum, danach begibt er sich ins Becken. Versunken, submerged, engloutie – was taucht wieder auf von dem, was war? In *Neglou* erscheinen wechselnde musikalische Inseln, die auf existierender Musik beruhen. Musik aus unserer Erinnerung, aus einer jeweiligen persönlichen Hörbiografie, die verschüttet ist und die wieder an die Oberfläche kommt – die wieder »auftauchen kann«. Im Becken spielt die Trompete Phrasen mit einer assoziativen Verbindung zur Trompete als Instrument der Jazzmusik und zu Claude Debussy (*Cathédrale Engloutie*). Die Trompete taucht ins Wasser ein, sodass einzelne Phrasen verblubbern und versinken, und Glissandi entstehen, wenn die Töne von der Luft ins Wasser abgleitend das Schallmedium wechseln. Der Trompeter spielt kleine Perkussionsinstrumente, die sich mit einer besonders trockenen, materiellen Klangqualität im Wasser ausbreiten. Im elektronischen Part werden korrespondierend Glissandi verarbeitet, auch transformierte Perkussionsinstrumente aus Aufnahmen, die mit einem Hydrofon im See aufgenommen wurden, sowie Laute von unter Wasser lebenden Tieren. Trompetenaufnahmen und -samples wurden als fokussierte instrumentale Klangfarbe über virtuelle Instrumentenschichtungen zu Akkorden und Klängen neu zusammengesetzt.

Im letzten Abschnitt von *Neglou* tritt draußen auf dem Gelände hinter der großen Fensterfront eine weitere Mitwirkende auf. Vermittelt über das Donaueschinger Kulturamt, das die Musiktage mitveranstaltet, waren Jugendliche an der Aufführung beteiligt. Sie bekamen die Aufgabe, am Fenster entlang gehend und auf einer Schaukel schaukelnd einen Gong zu schlagen. Die Gongschläge – regelmäßig pulsierend wie eine elementare Lebensäußerung – wurden per Funkmikro von draußen nach drinnen unter Wasser in den Pool übertragen. Das Zusammenspiel von Sehen und Hören in unterschiedlichen Wahrnehmungsmodi für nah und fern wurde thematisiert.

Im Wasser verbreitet sich Schall viermal schneller als in der Luft. Unterschiedliche Frequenzen breiten sich mit unterschiedlicher Schnelligkeit aus, der Klang spreizt sich dadurch anders auf, Töne gleiten und glissandieren. Wir hören weniger über die Ohren und mehr über unsere Knochen. Diese Akustik ist für unsere Wahrnehmung fremd, »verschwommen«, fern und nah zugleich. Für die Hörer:innen gab es einen starken Kontrast zwischen dem Hören im und unter Wasser, zwischen dem man nach Belieben wechseln konnte, sogar mit einem Ohr in dem einen Schallmedium, mit dem anderen im anderen. Die gerichtete Wahrnehmung unter Wasser ließ einen intimen Hörraum entstehen. Die Zuhörer reagierten auf diese besondere Wahrnehmungssituation mit spezifischen Hör-Haltungen im Wasser, entspannt floatend mit den Ohren unter Wasser, gelegentlich an andere Stellen des Pools schwimmend oder tauchend.

Relevanz

Sich »Musikorte für alle« vorzustellen, sollte die Frage einbeziehen, *welche* Musik dort stattfindet und in welcher Weise sie für die Besucher:innen bedeutungsvoll und »relevant« sein kann. An den obigen Beispielen habe ich versucht zu zeigen, wie für einen spezifischen Musikort Kompositionen oder Klangkunstarbeiten entwickelt werden, die für die Menschen, die diesen Ort besuchen, ortsspezifische und kontextuelle Bedeutungen und individuelle Anknüpfungspunkte anbieten.

Darüber hinaus kann – sollte? – Musik, vor allem solche, die sich als Kunst versteht und daher von der Gesellschaft finanziell unterstützt wird, sich in besonderen Zeiten mit gesellschaftlich relevanten Themen auseinandersetzen – ›mitreden‹, in der eigenen, ästhetischen Sprache und mit musikalischen Ausdrucksmitteln. Relevanz kann heißen, sich dafür einzusetzen, die Schönheit der Kunst für viele zugänglich zu machen oder über ästhetische Erfahrung und Bildung Selbstwirksamkeit und soziale Empathie zu fördern, oder – im Hinblick auf aktuelle und dringliche Themen heute – sich in die gesellschaftliche Diskussion um Zusammenhalt und Demokratie einzubringen oder sich einzusetzen für ökologische Nachhaltigkeit und Aufmerksamkeit für andere Spezies, Tiere und Pflanzen und ›more-than-human‹-Akteure, mit denen wir unseren gefährdeten Planeten teilen. In diesem ökologischen Kontext habe ich in den vergangenen Jahren schwerpunktmäßig komponiert. Hierzu zwei abschließende Beispiele.[8]

Creatures and Signals

In *Creatures and Signals* werden Insektenstimmen und »algorithmische Stimmen«, digitale Klänge des Fairlight Synthesizers, miteinander verwoben.[9] Der Fairlight CMI (Computer Musical Instrument) ist einer der ersten digitalen Synthesizer und Sampler aus den frühen 1980er Jahren. Die Insektenklänge wurden in der umfangreichen Sammlung des Tierstimmenarchivs des Museums für Naturkunde Berlin recherchiert. Millionen von Insekten und Kleinstlebewesen bevölkern die Erde, die meisten von ihnen unentdeckt, manche gedeihen unter den unwirtlichsten Bedingungen, viele sind vom Aussterben bedroht. Sie sind klein und scheinbar unbedeutend, ihre Klänge oft leise – manchmal durchdringend präsent, besonders wenn sie chorisch tönen.[10] Bemerkenswert ist die strukturelle und klangliche Ähnlichkeit von vielen Insektenklängen mit elektronischen Klängen.[11] Die synthetisierten Signale und ge-

---

8 Vorneweg ein Beispiel für einen ganz anderen Musikort in diesem Kontext: »Reveil« ist ein Internet/Radio-Broadcast aus Live-Audio-Feeds, die jährlich am 1. Mai über 24 Stunden, bei Tagesanbruch von Ost nach West, von ökologischen Hörpunkten aus aller Welt gestreamt werden (https://soundtent.org/reveil.html [zuletzt: 24.01.2025]). Über das gemeinschaftliche Streamen mit field recordings/natürlichen oder urbanen soundscapes und improvisierten Klängen aus einem Garten bei Morgengrauen s.: Kirsten Reese, »SELBSTlaut. Unter die Haut gehen«, in: *MusikTexte* 173 (Mai 2022), S. 7-8.

9 Fotos und Audiolinks unter: https://kirstenreese.de/creaturesandsignals.html [zuletzt: 24.01.2025].

10 Andere Werke mit Insektenstimmen sind *Heimat:Habitate* (2021/22) für mobile Insekten-, Menschen- und Instrumentalstimmen und ihre elektronischen Anverwandlungen (vernetzte mobile Lautsprecher, Trompete und Perkussion, Chor), unter: https://kirstenreese.de/heimathabitate.html [zuletzt: 24.01.2025] und *Vom Verschwinden* (2022), Installation mit vernetzten mobilen Lautsprechern in einer Wiese, unter: https://kirstenreese.de/wiese.html [zuletzt: 24.01.2025].

11 Kirsten Reese, »Voices of insects and voices of algorithms«, in: *Errant Sound Reader*, hg. von Mario Asef, Brandon LaBelle, Golo Föllmer, Georg Klein, erscheint demnächst bei Errant Bodies Press.

Abb. 11: Uraufführung *Creatures and Signals*, Teufelsberg Berlin

sampelten Klänge des Fairlight CMI in *Creatures and Signals* waren, in Echtzeit an der Tastatur und über Pedale und Regler manipuliert, manchmal kaum zu unterscheiden von den echten Insektenstimmen. Oft haben sie eine »sprechende«, geheimnisvolle oder auch verstörende Qualität wie die Insektenklänge. *Creatures and Signals* wurde 2018 beim Dystopia Sound Art Festival uraufgeführt. Die Aufführung fand in der ehemaligen militärischen Abhörstation am Teufelsberg in Berlin statt, einem dystopischen Ort des Kalten Krieges, der heute durch Verfall und Überwucherung gekennzeichnet ist. Es geht um dystopische musikalische Spekulationen: Welche Tiere werden (uns) auf der Erde überleben? Zu welchen Wesen werden sie sich entwickeln? Werden sie eine neue Sprache entwickeln? Werden sie mit anderen Wesen und Lebensformen kommunizieren?

Eine weitere Aufführung fand im Museum für Naturkunde Berlin im Rahmen der »Langen Nacht der Wissenschaften« statt. Der Ort stand für das Thema Tierstimmen und Ökologie sowie für die Verbindung zur Wissenschaft als einem anderen gesellschaftlichen

Bereich. An vielen Ständen, Schaukästen, Experimentalaufbauten usw. erklärten junge Wissenschaftler:innen aufgeschlossenen Besucher:innen naturkundliche und biologische Themen und diskutierten mit ihnen darüber. Mit dem Fairlight saß ich an meinem zugewiesenen Ort im Museum, neben einem riesigen Spinnenmodell, und spielte in verschiedenen Zeitslots Auszüge von *Creatures and Signals*, immer wieder unterbrechend, wenn Menschen mich ansprachen und etwas über die Komposition oder über die Insektenklänge und den Synthesizer wissen wollten.

Homeostasis

Auch die audiovisuelle Installation *Homeostasis*, eine Zusammenarbeit mit dem Videokünstler Robert Seidel, wurde an Orten mit naturkundlichem/ökologischen Bezug gezeigt: 2023 im Ozeaneum Stralsund und 2023 im Zoologischen Museum Kiel.[12] *Homeostasis* verwebt biophone und geophone Klänge der Ozeane miteinander. Die Klänge von unter Wasser lebenden Tieren – vor allem Walen und Robben – sowie anderen Geräuschen von Meeresklanglandschaften – wie Eisreiben, Gletscherkalbungen, Regen im Ozean – stammen aus wissenschaftlichen Sammlungen und bioakustischen Forschungsexpeditionen und wurden im Austausch mit Wissenschaftler:innen und Bioakustiker:innen des Deutschen Meeresmuseums recherchiert. Die Signale und Patterns der Stimmen der unter Wasser lebenden Tiere, ihre Vielfalt, Schroffheit und fremde Expressivität werden über eine eher zurückhaltende elektronische Klangspur mit elektronischer Mimikry und musikalischen Transformationen begleitet.

Im Ozeaneum Stralsund wurde die Komposition für die 20 Meter hohe Ausstellungshalle »1:1 Riesen der Meere« konzipiert und über die dort vorhandene 4-Kanal-Anlage – mit großen Subwoofern, wichtig für die ultratiefen Frequenzen der Walvokalisationen – abgespielt. In der Ausstellungshalle hängen Walmodelle in Lebensgröße, die von abstrakten Videoprojektionen überformt wurden.

---

12 Jeweils produziert vom Frequenz Festival Kiel. Fotos und Videolinks unter: https://kirstenreese.de/homeostasis.html [zuletzt: 24.01.2025].

Abb. 12:
Uraufführung
Homeostasis
im Ozeanum
Stralsund

Robert Seidel nutzte die Sammlung des Ozeanographischen Museums als Grundlage für Trainingsdatensätze für ML-Algorithmen,
über die hybride Lebensformen visualisiert und ein spekulativer
Blick auf natürliche Lebensprozesse geworfen wurde, auf das un-
entwegte Wachsen, Verbinden, Mutieren und Verfallen von Millionen Jahren Evolution, zu Minuten komprimiert.

2023 wurde *Homeostasis* im architektonisch bedeutsamen Gro-
pius-Bau des Zoologischen Museums Kiel installiert. Die Architektur, mit einer zentralen Präsentationshalle mit zwei umlaufenden
Galerien und umgebenden Forschungs- und Sammlungsräumen,
wurde beispielhaft für die Gestaltung von naturkundlichen Museen
im 19. Jahrhundert. Heute zeigt das Museum Meerestiere der Ostsee, darunter zwölf Walskelette von Arten, die als gelegentliche oder
verirrte Gäste in die Nord- und Ostsee gelangten. In der hohen mitt-

leren Halle des Museums hängen als größte Exponate das 14 Meter lange und 1,5 Tonnen schwere Skelett eines Pottwalbullen und das Skelett eines jungen Blauwalweibchens, das 1881 vor Sylt strandete. Das Publikum, darunter viele junge Zoologie- und Biologiestudierende, konnte sich während der 20-minütigen Aufführung frei im Raum bewegen und von den Galerien aus unterschiedlichen Perspektiven beobachten, wie die Projektionen, Licht und Klang mit den Exponaten und dem Raum interagierten. Das große Walskelett betrachtend kam es mir einmal so vor, als blickte ich in das – imaginierte – Auge des Wals, der vor vielen Jahrzehnten gelebt hatte. Durch die Bewegung von Licht und Klang schien es so, als würden Zeit und Raum transzendiert und auf diese Weise Kommunikation zwischen Spezies über diese Zeit und Raum – Medien, die immer im Jetzt verorten – hinweg stattfinden. Eine Besucherin schilderte ein ähnliches Erleben.

Komponierte Musikorte, spezifische Rezeptionserfahrungen

Die Arbeiten, die ich hier vorgestellt habe, setzten jeweils andere Akzente im Hinblick darauf, wie Raum und Publikum mit kompositorischen Fragen und Strategien in Beziehung gesetzt werden. In *Hallenfelder* geht es um die Ästhetisierung des Alltags – einer der wichtigen in der Kunst des 20. Jahrhundert entwickelten ästhetischen Ansätze (mit John Cage als herausragendem Protagonisten im Musikbereich). *Hallenfelder* wendet sich den Aktivitäten der Menschen im Alltag zu – zum Beispiel wenn eine Gruppe älterer Herren in einer Turnhalle Seniorengymnastik macht – und bindet das Publikum in die Reflexion über diesen Alltag aus einer künstlerischen Distanz ein. In *Debatte* begegnet das Publikum Stimmen zu historischen und aktuellen gesellschaftlich-politischen Themen. Durch die Rauminszenierung werden sie Teil der Debatte, das Lautsprechersetting und die Anwesenheit der Zuhörer:innen ist in *Debatte* ein »embodiment«. Wie in *Hallenfelder* und *Debatte* verhandelt auch *Neglou* das Verhältnis von Technologie/Medialität und die für unsere Körper und Sinne wahrnehmbare »Realität« von Sound, ein für meine Kompositionen grundlegendes Thema. Die Körper, diejenigen der Mitwirkenden – Trompete, jugendliche Mitspieler – und der Publikumsmitglieder sind die Kristallisationspunkte in der Gesamtkomposition mit musikalischen, performativen, szenischen und sozialen Aspekten.

Creatures and Signals und *Homeostasis* reflektieren über Tierstimmen die Kommunikation mit anderen Spezies. *Homeostasis* ist als audiovisuelle Installation eine interdisziplinäre Arbeit, interdisziplinär auch, weil mit wissenschaftlichen Institutionen und Forschenden kooperiert wird. Vor allem am Ozeaneum wurde ein Publikum aus vielen Bevölkerungsschichten angesprochen. Die Besucher:innen werden am Ende ihres Museumsbesuchs, bei dem ökologische Themen wie Lärmverschmutzung in den Ozeanen und die Auswirkung des Klimawandels auf die Meere bereits eine große Rolle spielten, automatisch in die »Riesen der Meere«-Halle geleitet. Den »Musikort« könnte man als ästhetischen Reflexionsraum bezeichnen. Die Besucher:innen erleben die visuelle und akustische Welt der Ozeane in einer immersiven künstlerischen Transformation, die die Fremdartigkeit der ungewohnten und ungehörten Stimmen und Klänge würdigt – die wir vielleicht nicht ergründen, aber denen wir trotzdem zuhören können.

Michael Schmidt

Zur Musik der Orte

»Orpheus, der, als ihm ein großer wüster Bauplatz
angewiesen war, sich weislich an dem schicklichsten Ort
niedersetzte und durch die belebenden Töne seiner Leier
den geräumigen Marktplatz um sich her bildete.«

Johann Wolfgang von Goethe, *Maximen und Reflexionen*

Es gab und gibt traditionelle erbaute Musikorte wie Konzertsäle oder Opernhäuser, und es gibt multifunktionale Kulturbauten, für die das 1977 eröffnete Centre Pompidou in Paris zum Vorbild wurde. Letztere verabschiedeten sich von den alten Monofunktionen und entwickelten wie der Münchner Gasteig Flächen für verschiedenartige Veranstaltungen oder Kurse, für Cafés oder Bereiche, in denen nicht konsumiert werden muss. In Richtung Multifunktionalität gestaltete sich auch die Umnutzung vieler Altbauten wie der Essener Zeche Zollverein oder des Radialsystems in Berlin. Öffentliche Orte wie Stadtplätze, Einkaufszentren oder Bahnhöfe werden vorübergehend zu Musikorten, weil dort Musiker für die Anwesenden spielen.

Zu einer eigenen Musik des Ortes, zu seinen mehrchörigen Werken inspirierte der Sakralbau von San Marco in Venedig mit seinen zwei Orgelemporen den Komponisten Giovanni Gabrieli. Richard Wagner konzipierte und realisierte mit dem Bayreuther Festspielhaus die künstlerische Vision eines »mystischen Abgrunds«, eines Ortes, in dem das Orchester unsichtbar unter der Bühne verschwindet und einen einmaligen Klang bewirkt. Erik Satie imaginierte eine musikalische Möblierung, eine »musique d'ameublement«, und in Kompositionen von Edgar Varèse, Karlheinz Stockhausen, Pierre Boulez oder Luigi Nono wurde der Raum mit der Aufstellung und Bewegung von Musikern oder Lautsprechern zu einem eigenen musikalischen Parameter.

Polyphonie der Orte

Welche Bedeutungen haben Orte nicht nur für das Machen, Wahrnehmen und Vermitteln von Musik, sondern was bedeuten sie überhaupt für unser Erleben, Kommunizieren und Agieren? Über das Phänomen des Ortes wurde schon seit Anfang des 20. Jahrhunderts vielstimmig reflektiert. So widmete sich der Soziologe Georg Simmel in seiner Schrift *Soziologie des Raumes* von 1903 der sozialen Konstruktion des »allgemeinen Raums«. Diesen erzeugen erst die psychologischen und politischen Kräfte der Bewohner eines Gebietes mit ihren verschiedenen »gesellschaftlichen Wechselwirkungen«. Im Vortrag *Mythischer, ästhetischer und technischer Raum* von 1931 bezeichnete der Philosoph Ernst Cassirer Raum und Zeit als »reale Relationen«. Er sieht die Welt weder als ein Ganzes von Körpern im Raum noch als ein Geschehen in der Zeit, sondern als ein »System von Ereignissen«. Eine herausragende Stellung nimmt für Cassirer der ästhetische Raum ein, da dieser »in die Sphären der reinen Darstellung versetzt« ist. Und alle »echte Darstellung«, fügt er hinzu, »ist keineswegs ein bloßes passives Nachbilden der Welt; sondern sie ist ein neues Verhältnis, in das sich der Mensch zur Welt setzt.« Martin Heidegger deutete das Bauen in seinem Text *Bauen Wohnen Denken* aus dem Jahr 1951 als ein Hervorbringen von Dingen als Orten und das Wohnen als die Gestaltung dieser Orte zu Räumen. In seiner Schrift *Die Kunst und der Raum* von 1969 lässt er die Frage offen, inwiefern die Orte das Ergebnis der Raumgestaltung sind und diese wiederum von den zu gestaltenden Orten beeinflusst wurde. Noch einmal anders unterschied der französische Philosoph Michel de Certeau in seinem Buch *L'invention du quotidien* (dt. Ausgabe: *Kunst des Handelns*) von 1980 zwischen den Begriffen »Ort« und »Raum«. Ein Ort entsteht für ihn durch eine »momentane Konstellation von festen Punkten«, ein Raum durch Bewegungen. Im Gegensatz zum Ort fehlen dem Raum Eindeutigkeit und Stabilität. Orte werden für Certeau durch die Anwesenheit von Objekten definiert und Räume durch die Aktionen von historischen Subjekten. Eine eigene Phänomenologie und Utopie des Raums entwarf der französische Philosoph Gaston Bachelard in seiner *Poetik des Raumes* aus dem Jahr 1957. So spricht er von Erinnerungsbildern, die im menschlichen Geist als räumlich verdichtete Zeitpunkte abgespeichert werden und dabei eine Gestalt ähnlich dem Aufbau eines Hauses annehmen – mit Zimmern, Kellern oder Speichern. Zentral ist für Bachelard, dass solche Erinnerungsräume, die wir in unserem »geistigen Haus« untergebracht haben, eine zeitlose Konsistenz besitzen. Sie werden von der Zeit entkoppelt und fungieren als stets gegenwärtige Seins-Erfahrungen. Zugleich konstituieren unsere flottierenden Gedanken den Erinnerungsraum als agiles Element, wo oft nicht klar ist, ob man sich gerade »zum Mittelpunkt hin oder vom Mittelpunkt wegbewegt«. In Bachelards Poetik eines offenen Raums lässt sich das menschliche Sein nicht »fixieren«, gibt es nicht nur diesen oder jenen Seinszustand, sondern viele Zwischen- und Übergangszustände mit ebenso beweglichen Ausdrucksmöglichkeiten – denn jeder »Ausdruck hebt seine Fixierung auf«.

Orte der Polyphonie

Im experimentellen Musiktheaterschaffen des Komponisten Manos Tsangaris geht es um die Poesie von Räumen »mit offenen Fenstern«. In der Zeitschriftenausgabe *Positionen* 94 spricht er von einem »erweiterten Kompositionsbegriff« und der Suche »nach Membranen in lebensweltliche Situationen«. Darüber hinaus fragt Tsangaris, was die Atmosphäre eines Stadtraums ausmacht, ob es »etwas Gebautes aus Stein« ist oder eher »eine performative Qualität«. Zeitgenössische Komponistinnen und Klangkünstler wie Manos Tsangaris beschäftigen sich in ihrer künstlerischen Arbeit mit raum- und wahrnehmungsbezogenen sowie intermedialen und interaktiven Installationen, Klangcollagen und Performances. In diesen ästhetischen Bereich gehören auch die Audiowalks, Installationen und klanglichen Raumerkundungen von Kirsten Reese, die etwa in ihrem Projekt *tönende see* den Klang eines Sees elektronisch transformiert. Johannes S. Sistermanns bringt öffentliche Orte zum Klingen, für alle, die sich dort zufällig aufhalten. Dabei geht es ihm besonders um das Hörbar-Machen des »Eigenklangs« dieser Orte und ihrer Materialitäten. So wird in seinem Projekt *durchhören* ein Museumsgebäude zum Resonanzkörper nach innen und außen, indem die Fensterscheiben durch medientechnische Verfahren zur akustischen Membran, zum Träger und Erzeuger von Klängen werden. Bei Manos Tsangaris gibt es musiktheatralisch-kommunikative Interaktionen mit und in Orten sowie den Menschen darin. In seinem Projekt *Schreit zu mir von der Erde* wird die Plattform eines U-Bahnhofs zum Schauplatz eines konspirativen Treffens von Orest und seiner Schwester Elektra bei weitgehend normal laufendem Bahnverkehr. Eine Publikumsgruppe, ausgestattet mit kleinen Audio- Empfangsgeräten, wird bis zur Mitte des Bahnsteigs geführt, von wo aus sie zunächst die Selbstgespräche Elektras verfolgen kann und anschließend die Ankunft Apollons und Orests inmitten der realen Fahrgäste.

Aus Alltäglichem wird Außeralltägliches, wenn an einem urbanen Ort Überraschendes und Zweckloses Raum findet. Die Vermengung von Alltag und Werk, öffentlichem Raum und künstlerisch-kommunikativer Aktion lässt unerwartet und vorübergehend eine Musik der Orte entstehen. Das Ereignis einer Musik des Ortes ist mit einer Haltung der Gelassenheit verbunden, einem Begrüßen des Unvorhersehbaren und Zufälligen. Hier zeigen sich Korrespondenzen zur Kunst von John Cage und zum Denken Martin Heideggers. Wesentlich für beide ist die Stille, die auch in der Tradition der westlichen Kunstmusik eine wichtige Bedeutung hat. Sie begegnet vor, nach und zwischen den Teilen eines klassischen Musikwerks sowie als Pause im musikalischen Gewebe, wie es die polnische Musikologin Zofia Lissa 1962 in ihrem Essay *Die ästhetischen Funktionen der Stille und Pause in der Musik* beschrieben hat. Vor dem Erklingen einer Musik ist die Stille geprägt von der Erwartung bestimmter musikalischer Vorstellungen, nach dem Verklingen von der Gestaltung eines Bildes seiner Ganzheit. Zwischen den Teilen des Werks verbindet sie die aus dem vergangenen Teil resonierenden Vorstellungen und Gefühle mit den Erwartungen auf das Kommende. Über diese ästhetischen Funktionen der Stille hinaus will John Cages »stilles« Stück *4′33″* aus dem Jahr 1952 nicht mehr und nicht weniger, als einen zeitlich begrenzten Möglichkeitsraum des Hörens zu öffnen. In *4′33″* wird kein Klang absichtlich erzeugt, sondern der oder die Musiker sollen die Bühne betreten und diese exakt nach 4 Minuten und 33 Sekunden wieder verlassen, ohne auf ihren Instrumenten gespielt zu haben. Das Stück besteht aus dem Kommen und Gehen der zufälligen und absichtslosen Klänge oder Geräusche am jeweiligen Ort: dem Quietschen einer Tür, dem Hüsteln eines Zuhörers oder dem Geräusch einer vorbeifahrenden Straßenbahn. Resultat dieser »Stille«, die in der Alltagsrealität nie eine absolute Stille sein kann, ist eine gelassene Musik des Ortes, die buchstäblich alles Hörbare, was sich dort im Moment ereignet, sein lässt und unsere Aufmerksamkeit dafür schärft.

Wo Musikorte nicht als Erzeugnis bloß gesetzt sind, sondern aus einer Stille momenthaft erst entstehen, werden sie zu vielstimmigen sozialen Ereignisorten, in denen sowohl die musikalischen Resonanzen als auch Raumqualitäten wie Atmosphäre und Aura sowie körperliche und mentale Energie intensiver auf uns wirken. Durch die gelassene Verbindung von musikalisch-kommunikativer Aktion und Interaktion mit Menschen in einer bestimmten Umgebung kann jeder Ort zu einem Musikort für alle werden. Das Ereignis einer Musik der Orte schafft erweiterte Wahrnehmungsräume, in denen sich auch Menschen musikalischen Erfahrungen gegenüber öffnen können, die neu für sie sind.

Manos Tsangaris

Wo

Die Wo-Frage.

Wo sind wir nun eigentlich.

Jetzt gerade.

Und gleich darauf wieder.

Dieses Wo ist keine Frage nur der Architektur als Ding, als Gefäß.

Denn wo befinden *Wir* uns gerade.

Schließt den genauen Ort, der sich in mir
    und aus mir heraus schneidet, ein.

Ich bin, wenn ich bin, hier, und dieses *hier* ist eine Lesart.

Eine Art, den Ort in diesem *Bin* zu generieren.

Natürlich nicht unabhängig.

Was wäre schon unabhängig.

Ich bin, wie ich diesen Ort vorfinde.

Das Vorfinden ist unter anderem eine Lesart.

Wir lesen und versuchen permanent zu entziffern, wo wir sind.

Zum Beispiel auf einem Fahrrad.

Dieses Fahrrad ist zum Beispiel unterwegs.

Wir befinden uns auf einem Rad in Fahrt.

Währenddessen denken wir an die Dinge, die wir,
    wenn wir angekommen sind, einholen werden.

Dieses Denken bildet einen eigenen Ort, der an andere Orte,
    beispielsweise den Supermarkt, wo ich einholen will,
    gekoppelt ist.

Die Schnittlinien der verschiedenen Orte und ihrer Lesarten,
    die wiederum Orte bilden, und des Klanges des Windes
    als Rauschen an meinen Ohren in voller Fahrt treffen sich
    in mir.

Aber wo genau bin ich jetzt.

Mittendrin und außen vor zugleich.

In mir und in dem, was ich sehe, denn wenn ich
    mit dem Rad fahre, muss ich den Weg und den Verkehr
    um mich herum genau lesen, sonst Unfall.

Ich fühle mich, auf dem Rad, wunderbar unabhängig.

Schon seit der Kindheit befallen mich Freiheitsgefühle,
    wenn ich Rad fahre.

Das Gefühl von Unabhängigkeit scheint sich einzustellen
    als Gefühl dann, wenn die Kombination von Abhängigkeiten
    geglückt ist.

Summe: frei.

Eine Frage des Gleichgewichts.

Wie das Fahrradfahren.

Ohne Gleichgewicht im Schwung falle ich um.

Wir alle fallen, wenn die Welt aus dem Gleichgewicht kommt.

Das Wo ist immer auch eine Frage der Balance.

Wir sind Equilibristen.

Auch wenn wir fahren, sind wir an einem Ort.

Und an mehreren zugleich.

Das liegt daran, dass der Ort die Schneide ist.

Oder das Schneiden selbst Aktivität.

Ort ist kein starres Ding.

Untereinander abhängige wie aktuell vielleicht unabhängige
    Komponenten
bestimmen den Ort.

Der Ort ist kein Punkt.

Das Schneiden kann kein Stillstand sein.

Ergo: Schneide und Ort ist in Bewegung.

Wir sind in Bewegung.

Und wo nun befinden wir uns.

An Ort und Stelle, ist ein Gegensatzpaar.

Die Stelle versucht den Ort zu beruhigen.

Wenn wir eine Stelle markieren können,
wird es für einen Moment stiller.

Aber das Schneiden geht weiter.

Sich Gewahrwerden von etwas, zerteilt es auch.

Wir unterscheiden, wenn wir sind.

Wir entscheiden uns auch immerzu, immerzu ...

Jetzt heißt *ie zuo* heißt immerzu.

Immerzu zerteilen wir die Welt, um sie lesen zu können.

Auch die Lesarten zerteilen sich untereinander.

Die Kunst, als Modellversuch, zerteilt die Welt, um sie
im Gewahrwerden immerzu zusammenzusetzen und
zu teilen und zu setzen. Jetzt.

Zu tun.

Tun von tithénai, setzen, stellen, legen.

Kunst versetzt uns in Modelle verschiedener Orte.

Sie bildet eigene Orte, die bietet sie an.

Wenn wir uns in Kunstorte begeben, versetzen sie uns
in andere Schnittstellen.

Die Schneiden schärfen sich an der Kunst.

Wo sind wir jetzt gerade.

Woher der Schock, den wir gerade vielleicht nicht orten können.

Es könnte ein schöner Schock sein.

Der Schock klärt womöglich.

So haben wir die Dinge noch nie gesehen.

So haben uns die Dinge noch nie sehen gesehen.

Schon das, ist ein Schock.

Wenn etwas zerschnitten wird, erscheint
im Moment des Schneidens etwas, das innen lag und
sich in der Schnittstelle nach außen kehrt.

Das Äußre ist ein in Geheimnißzustand erhobnes Innre,
schreibt Novalis (ja, da fehlt ein s, schon damals fehlte s).
Betrachten wir die aufgeschnittenen Teile, die wir von selbst
immer zusammensetzen, so erscheinen im Moment immerzu
neue Oberflächen, in Geheimnißzustand versetzt.
Wo befinden Sie sich gerade.
Halten wir doch mal einen Moment still und lassen
unseren Ort zur Stelle werden.
Einmal kurz innehalten, jetzt.

Und?
Alles still?
Oder doch in Bewegung?
Das Ich ist eine Schneide.
Die sich selbst auseinanderschneidet.
Diskret, versteht sich.
Wir kennen es nicht anders.
Es bräuchte Jahre, Jahrzehnte, um einmal kurz still zu sein.
Darin besteht der Modellcharakter der Musik.
Sie ist irgendwie immer in Bewegung.
Sie nimmt uns mit.
Wir werden uns gewahr, dass es Musik ist.
Wir können uns im eigenen Hören verlieren und bündeln.
Denn ich bin es ja, der hört, hier.
Das Glück der von der Musik Getöteten.
Die Wo-Frage in der Musik.
Dann hatte sie sich abgelöst, tönend bewegte Form.
Die Musik benötigt den Prozess ihrer Entstehung nicht mehr.
Sie wird einfach reproduziert.
Die Musik ist in die Maschine geflüchtet.
Sie spielt uns was vor.

Ihre Ortsfindung scheint zum Ende gekommen.

Sie tut nicht, die Kunst, sie macht etwas.

Musik übt Macht aus.

Sie bildet höchsteigene Orte, die höchsteigene Bewegungen
  in uns verursachen.

Wir haben nicht nur die Orte, sondern sogar die Stellen verloren.

Wo sie sind, liegt im Dunkeln.

Das Dunkel hinter den Lautsprechern.

Kunst macht sichtbar.

Die Musik gibt sich nicht zufrieden.

Sie schneidet, erst einmal im Modellversuch, neue Orte.

Sie schneidet sich Dinge neu, um sie zerteilen zu können.

Sie gibt uns neue Schneiden.

Versetzt uns in neue Orte.

Schöne, geglückte Abhängigkeiten davon, wo wir sind.

Wir.

Real als ganze Körper, in vollkommener geistiger Ausübung.

Eingewoben in ihre und unsere Präsenz.

Um neu zerteilen zu können, benötigen wir *uns* ganz und gar.

Hier.

Die Wo-Frage.

Wo sind wir nun eigentlich ...

[ORT, m. und n. ein germanisches, doch im goth. nicht nachweisbares wort: ahd. mhd. ort m. n., plur. die orte m., diu ort, orter oder örter n., nhd. die orte (im 15. und 16. jahrh. auch örte, ört) und örter mit dem unterschiede, dasz jene form mehr einen collectiven, diese mehr einen individuellen begriff bezeichnet (Andresen sprachgebrauch 22); alts. ort m., mnd. ort n. und m., nl. oort; ags. und mittelengl. altfries. ord m.; altn. oddr m., dessen dd auf ein goth. sd (zd) weist, so dasz die goth. form uzds, stamm usda, lauten müszte, dessen wurzel us identisch zu sein scheint mit sanskrit. vas, schnei-

153

den, das auch zur grundbedeutung des wortes stimmt. Fick[3] 3, 36.
Leo ags. gloss. 480. aus der grundbedeutung ›schneide, spitze‹ haben sich die übrigen bedeutungen in ähnlicher weise wie bei den
sinnverwandten ecke und ende entwickelt. I. die schneide, spitze,
ecke (...)]
(*Deutsches Wörterbuch* von Jacob Grimm und Wilhelm Grimm)

Kurzbiografien

Mustafa Akça (*Berlin-Kreuzberg) ist ausgebildeter Handwerker, Schauspieler und Moderator. Als Quartiersmanager in verschiedenen Berliner Bezirken initiierte er zwischen 2004 und 2011 interkulturelle Projekte. Seit 2011 leitet er das von ihm konzipierte urbane Programm *Selam Opera!* an der Komischen Oper Berlin. Zu seinen Kernkompetenzen zählen Öffnungsprozesse von Kultureinrichtungen, die Entwicklung von künstlerischen und partizipativen Outreach-Formaten sowie kulturelle Bildung und kulturelle Teilhabe. Für sein Engagement wurde Mustafa Akça 2024 das Bundesverdienstkreuz am Bande verliehen.

Sara Arnsteiner-Simonischek ist seit Oktober 2022 Direktorin für Kommunikation und Digitale Vermittlung am Konzerthaus Berlin und führte die Chefdirigentin Joana Mallwitz für die Saison 2023/24 ein. Zuvor war sie Leiterin der Kommunikation bei der Helmholtz-Gemeinschaft, führte die Kulturabteilung einer Wiener Agentur, realisierte verschiedene Multimedia-Projekte und arbeitete als freiberufliche Kommunikationsberaterin in Berlin und Wien, wo sie auch eigene Kunstdokumentationen produzierte.

Dr. Carsten Brosda ist Senator für Kultur und Medien der Freien und Hansestadt Hamburg, Präsident des Deutschen Bühnenvereins, Vorsitzender des Kulturforums der Sozialdemokratie und Co-Vorsitzender der Medienkommission des SPD-Parteivorstandes. Er studierte Journalistik und Politikwissenschaft an der Universität Dortmund und wurde dort mit einer Arbeit über »Diskursiven Journalismus« promoviert.

Dr. Jens S. Dangschat, seit 2016 emeritierter Professor für Siedlungssoziologie und Demographie der Technischen Universität Wien, Fakultät für Architektur und Raumplanung. Seine Schwerpunkte in Forschung und Lehre: Theorien der sozialen Ungleichheit (Klassen und Soziale Milieus); Handlungstheorien; Raumbezug sozialer Strukturen und Prozesse (Segregation, Gentrification); Handlungstheorien vor allem im Kontext der Mobilität; sozial-ökologische Transformation.

Michaela Fridrich ist Musikjournalistin, Moderatorin und Autorin unter anderem für BR-Klassik. Ihre Schwerpunkte sind Themen der Neuen Musik und der Musikvermittlung. Neben Beiträgen in Zeitschriften, Sammelbänden und Booklet-Texten veröffentlicht sie eigene Publikationen. Sie arbeitet mit Bildungseinrichtungen zusammen, darunter Hochschule für Musik und Theater München, Georg-von-Vollmar-Akademie und Münchner Volkshochschule. Sie moderiert Fachgespräche, Konzerteinführungen, Diskussionsrunden zu Kulturthemen und gestaltet den kulturpolitischen Podcast *Kocheler ZwischenTon.*

Christine Kern ist Diplom-Bibliothekarin mit musikbibliothekarischer Zusatzausbildung. und leitete von 2014 bis 2023 das Sachgebiet Musik, Medien Makerspace in der Stadtbibliothek Köln. Seit 2024 ist sie dort Lektorin, u. a. für Musik. Sie führt gemeinsam mit den Teams die stetige Weiterentwicklung der Musikbibliothek und des dort eng verzahnten Makerspaces fort, unter anderem in der Ausstattung sowie im Bereich der Veranstaltungsplanung.

Dr. Dorothea Kolland promovierte in Musikwissenschaft über das Thema »Die Jugendmusikbewegung. Theorie und Praxis der Gemeinschaftsmusik«. 1978 wurde sie Bildungsreferentin bei der Bundesvereinigung Kulturelle Jugendbildung und koordinierte die Aktivitäten zum Jahr des Kindes. Als Kulturamtsleiterin in Berlin-Neukölln ab 1981 und später als Leiterin des Amtes für Kultur und Bibliotheken baute sie die ganze, heute existierende Kultur- und Institutionenlandschaft des Bezirks neu auf. Schwerpunkte ihrer Arbeit und Publikationen sind Interkultur, Stadtkultur und kulturelle Bildung.

Avri Levitan, Berliner Bratschist, geb. 1973 in Tel Aviv, Israel, begann seine musikalische Reise im Alter von fünf Jahren. Mit 21 Jahren gab er sein Solodebüt mit dem Israel Symphony Orchestra beim Schleswig-Holstein Musik Festival. Levitan trat als Solist auf internationalen Bühnen wie der Berliner Philharmonie, dem Wiener Konzerthaus und der Oji Hall in Tokio auf. 2008 wurde er Professor und Musikdirektor des Streicherprogramms am Centro Internacional de Excelencio de Cuerda im spanischen La Rioja und von 2010 bis 2018 Professor am Conservatorio Superior de Música de Aragón. Seit 2019 ist er Fakultätsmitglied der Universität für Musik und darstellende Kunst Wien. 2012 gründete Levitan Musethica, eine Organisation, die Konzertpraxis innerhalb der professionellen Musikausbildung neu zu denken versucht. Musethica ist mittlerweile in 13 Ländern aktiv.

Gunter Pretzel war als Bratschist von 1984 bis 2020 Mitglied der Münchner Philharmoniker und vorher Solobratscher des Münchner Kammerorchesters. Er ist vielfältig als Kammermusiker sowie in der freien experimentellen Musik aktiv – derzeit im »Klaus Treuheit Trio«. Hinzu kommen Vorträge zum »Verstehen« und zum »Hören« von Musik sowie zahlreiche Projekte wie Symposien oder zuletzt die Handy-App »Die Planeten« für die Münchner Philharmoniker. Darüber hinaus leitete Gunter Pretzel mehrere Jahre das »Echolot Festival« für Neue Musik, komponierte Filmmusik sowie Musik für die Ensembles »bracc!« und »tutti totale«.

Kirsten Reese ist Komponistin und Klangkünstlerin mit Werken für elektronische Medien und Instrumente sowie intermediale Installationen. Eine wichtige Rolle spielen in ihren Arbeiten raum- und wahrnehmungsbezogene sowie performative und narrative Aspekte. Sie lehrt Komposition und elektronische Klanggestaltung an der Universität der Künste Berlin. Schwerpunktthemen ihrer künstlerischen Arbeit und Forschung sind: Sonic Agency and Ecology, Diversität und Spezifität (technologisch, sozial, ökologisch), Gender und Interkulturalität in den Klangkünsten, klangliche Wahrnehmungs- und Transformationsprozesse. Seit 2022 ist Kirsten Reese Mitglied der Sektion Musik der Akademie der Künste Berlin.

Franziska Richter, Kuratorin und Referentin Kultur und politische Bildung in der Friedrich-Ebert-Stiftung. Außerdem ist sie Herausgeberin u. a. der Sammelbände »Echoräume des Schocks. Wie uns die Corona-Zeit veränderte. Reflexionen Kulturschaffender und Kreativer. Eine Anthologie« (2020), »Traumland. Wer wir sind und sein könnten. Identität & Zusammenhalt in Ost und West« (2021) sowie »Zukunft erproben. Theaterarbeit in Ostdeutschland« (2024).

Prof. Dr. Michael Schmidt war Koordinator für trimediale Klassik-Schwerpunkte beim Bayerischen Rundfunk und lehrt multimediale Musikvermittlung sowie Ethik und Ästhetik digitaler Musikkultur an der Hochschule für Musik und Theater München sowie an der European Graduate School. Er ist stellvertretender Vorsitzender des Auswahlausschusses der Friedrich-Ebert-Stiftung und Vorsitzender des Kuratoriums der Georg-von-Vollmar-Akademie. Außerdem ist er Autor und Herausgeber zahlreicher Veröffentlichungen zu Musik- und Medienthemen.

Markus Stenger ist Architekt des 2024 eröffneten Kunstkraftwerks BERGSON in Aubing bei München. Er ist seit 2002 selbständig und seit 2015 zusammen mit Annette Stenger und Jörg Siegert geschäftsführender Gesellschafter von *Stenger2 Architekten und Partner mbB* sowie Gründer des *Denkraums für Architektur S2Lab*. Die überwiegend mit dem Bauen im Bestand befassten Architekturprojekte des Büros erhielten zahlreiche Preise und Anerkennungen etwa beim POLIS Award und dem Deutschen Nachhaltigkeitspreis für Architektur, sowie die Bayerische Denkmalschutzmedaille. Er betätigt sich darüber hinaus als Juror und Dozent, hält Vorträge und fertigt Publikationen zu architekturpolitischen und -philosophischen Themen.

Katinka Strassberger studierte Musikwissenschaften, Soziologie und Kunstgeschichte in Bonn und arbeitete viele Jahre als Kulturredakteurin beim Deutschlandfunk in Köln und Berlin. Im Rahmen ihres Lehrauftrags an der Architekturfakultät der TH Nürnberg war sie an mehreren Buch- und Ausstellungsprojekten beteiligt, insbesondere zur Architektur der NS-Zeit. Sie arbeitet als freie Journalistin in München.

Manos Tsangaris ist Komponist, Performer und Installationskünstler. Er zählt zu den bedeutendsten Vertretern des neuen Musiktheaters. Darüber hinaus ist er Professor für Komposition an der Hochschule für Musik Carl Maria von Weber Dresden und seit 2024 Präsident der Akademie der Künste Berlin. Von 2016 bis 2024 war er gemeinsam mit Daniel Ott künstlerischer Leiter der Münchener Biennale für neues Musiktheater. Seit den 1970er Jahren hat Manos Tsangaris immer wieder innerhalb unterschiedlicher künstlerischer Formate die Bedingungen der Aufführung zum wesentlichen Gegenstand von Komposition gemacht.

Dr. Hannelore Vogt war Direktorin der Stadtbibliothek Köln, die 2015 den nationalen Bibliothekspreis »Bibliothek des Jahres« erhielt. Sie verfügt über ein Diplom in Bibliothekswissenschaft, einen Masterabschluss im Fach Kulturmanagement und hat im Bereich Kulturmarketing promoviert. 2019 wurde sie vom Dachverband der Bibliotheksverbände (BID) »für ihr innovatives Denken und Handeln« mit der Karl-Preusker-Medaille, der höchsten Auszeichnung im deutschen Bibliothekswesen ausgezeichnet. Seit 2023 ist sie »Transformationsmanagerin für Nachhaltige Kultur« (IHK Köln) und zudem weltweit als Referentin für Bibliotheksmarketing, Kundenorientierung, Innovationsmanagement sowie Personalentwicklung tätig. Sie arbeitet aktuell weltweit als Consultant.

Bildnachweis

Umschlagabbildung: © Sera Kurc
Musiker:innen Manos Tsangaris, Emily Yabe und Volker Sondermann bei der Veranstaltung »Wo spielt die Musik?« am 23. November 2023 im Balcony Club Berlin

Abb. 1:   © Sera Kurc
Abb. 2:   © Stadtbibliothek Köln
Abb. 3:   Markus Stenger (Foto privat)
Abb. 4:   © Bergson
Abb. 5:   © Bergson
Abb. 6:   © Konzerthaus Berlin
Abb. 7:   © Pablo Castagnola (Konzerthaus Berlin)
Abb. 8:   © Olivier Carrel
Abb. 9:   © Tobias Hase
Abb. 10: © Tobias Hase
Abb. 11: © Golo Föllmer, Kirsten Reese
Abb. 12: © Robert Seidel, Kirsten Reese

> # Musik
in der edition text+kritik

auch als eBook

Michaela Fridrich
Musik unvermittelt
Eine Utopie
2025, 128 Seiten
ISBN 978-3-96707-738-4

Der Klassikbetrieb steckt in einer Krise. Das zeigen die massiven Einsparungen, die der Szene zugemutet werden. Auch wegen schwindenden Rückhalts der Gesellschaft ist die öffentliche Hand immer weniger bereit, Geld für klassische Musik auszugeben. Doch der Betrieb weigert sich um eine Auseinandersetzung mit diesen alarmierenden Entwicklungen. Das Buch untersucht, weshalb notwendige Kurswechsel nicht gelingen und Vermittlungsbemühungen des Klassikbetriebs bislang keine Trendwende gebracht haben. Und es zeigt, wie Utopie-Konzepte den Weg aus der Krise weisen könnten.

edition text+kritik

fünfzig jahre

Literatur · Musik · Film

Michael Schmidt (Hg.)

**Künstliche Intelligenz
der Töne**
**Ethik und Ästhetik
digitaler Musikkultur**
2025, 120 Seiten
ISBN 978-3-68930-030-2

Was bedeuten die digitalen und KI-Technologien
für die Musik? Können durch musikalische
Produktion oder Interaktion mit einer KI neue
musikalische Qualitäten und Formen musikalischer Teilhabe entstehen? Der Band widmet sich
Fragen zur Ethik und Ästhetik digitaler Musikkultur im Horizont künstlicher Intelligenz.
Neun Akteurinnen und Akteure des Musiklebens
äußern sich dazu aus unterschiedlichen Perspektiven: Ludger Brümmer, Dorte Lena Eilers,
Michaela Fridrich, Thilo Klawonn, Frizz Lauter-
bach, Ali Nikrang, Matthias Röder, Wolfgang
Rüdiger und Michael Schmidt.

fünfzig
jahre

Literatur · Musik · Film

Andreas Eichhorn /
Paul R. Laird (Hg.)
**Leonard
Bernsteins
Poetik**
2025, 300 Seiten
farb. Abb., Notenbeispiele
ISBN 978-3-96707-683-7

Leonard Bernstein (1918–1990) wirkte als Dirigent,
Komponist, Pianist, als Vermittler von Musik
und setzte sich auch theoretisch mit Musik
auseinander. Sein poetisch-musikästhetisches
Denken spiegelt sich in seinen Schriften ebenso
wider wie in seinen künstlerischen Produktionen,
seinen musikvermittelnden Medienformaten und
seinen Musikfilmen.

In 14 Beiträgen nimmt der Band diese schillernde
Musikerscheinung und ihre vielschichtige Poetik
in den Blick.

fünfzig
jahre

Literatur · Musik · Film

et+k
edition text+kritik